TASCHENATLAS DER SÄUGETIERE

Taschenatlas der
SÄUGETIERE

Text von Jan Hanzák

Illustrationen von Dagmar Černá

Strichzeichnungen Vratislav Mazák

DAUSIEN · HANAU/M

2. Auflage 1976
TASCHENATLAS DER SÄUGETIERE
Text von Dr. Jan Hanzák
Illustrationen von Dagmar Černá
Strichzeichnungen von Dr. Vratislav Mazák
Graphische Gestaltung von Soňa Valoušková
Ins Deutsche übertragen von Felix Seebauer
© 1974 Artia, Praha
VERLAG WERNER DAUSIEN • HANAU/MAIN
ISBN 3-7684-2490-1
3/02/12/52-02

INHALT

VORWORT

Die Klasse der Säugetiere umfaßt etwa 4000 Arten. In unserem Raum finden wir Säugetiere unter den verschiedensten Umweltbedingungen. Sie sind ein wichtiger Bestandteil unserer Fauna. Zahlreiche Arten haben eine nicht zu unterschätzende wirtschaftliche Bedeutung, insbesondere jene Arten, die als Jagdwild oder in Land- und Forstwirtschaft sowie im Gesundheitswesen eine wichtige Rolle spielen. Trotzdem wissen viele Menschen nur wenig über das Leben der Säugetiere. Wer kann auf freier Wildbahn Hasen und Kaninchen unterscheiden, wer weiß Bescheid über die Unterschiede zwischen Iltis und Marder oder zwischen Großem und Kleinem Wiesel? Ganz zu schweigen von den Wühlmäusen und Mäusen.

Manche Säugetierarten sind vom Menschen beträchtlich vermindert oder sogar völlig ausgerottet worden. In anderen Fällen wiederum war er um die Arterhaltung besorgt, und mitunter wurden sogar fremdländische Arten eingebürgert und verbreitet. Einige davon führen wir in diesem Buch an, weil sie in ihren neuen Wohngebieten völlig heimisch geworden sind.

Der begrenzte Raum zwang zur Beschränkung auf die häufigsten und interessantesten Arten. Nicht angeführt sind die in den europäischen Meeren lebenden Robben und Wale. Ebenso war es nicht möglich, in Wort und Bild sämtliche Fledermäuse festzuhalten. Großen Wert legten wir aber auf die Darstellung der Lebensgewohnheiten und der Umwelt, wobei neueste Erkenntnisse einbezogen wurden.

DIE SÄUGETIERE

Die Säugetiere gehören zum Stamm der Wirbeltiere. Sie haben demnach also ein festes Knochengerüst, dessen mittlerer, entlang des Körpers verlaufender Teil aus einzelnen Wirbeln zusammengesetzt ist.

Wie die Vögel sind die Säugetiere eigenwarm und daher unabhängig von den klimatischen Umweltbedingungen. Deshalb bezeichnen wir sie auch als Warmblüter.

Das Gehirn der Säugetiere ist recht kompliziert, und die dicke graue Rindenschicht ist der Sitz verhältnismäßig hoher psychischer Fähigkeiten.

Der Unterkiefer ist durch Gelenke mit dem Schädel verbunden, wodurch das Kauen ermöglicht wird. Die Zähne werden in 4 Typen eingeteilt. Die meißelförmigen Schneidezähne dienen zum Abbeißen der Happen, die spitzen Eckzähne zum Ergreifen oder Töten der Beute, Lücken- und Backenzähne schließlich zum Zermalmen der Nahrung. Das Gebiß ist der Nahrungsaufnahme angepaßt. Die Eckzähne oder die oberen Schneidezähne können fehlen und die ersteren verschiedenartig verändert sein. Die Anzahl der Zähne und ihre Form sind für die einzelnen Gruppen kennzeichnend.

Das Herz der Säugetiere ist vierkammerig und der Blutkreislauf in zwei geschlossene Systeme gegliedert, den arteriellen und den venösen Kreislauf. Im venösen

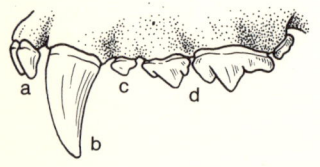

I. Säugetiergebiß — Zahntypen
   a) Schneidezahn
   b) Eckzahn
   c) Lückenzahn
   d) Backenzahn

ist das Blut sauerstoffarm, im arteriellen mit Sauerstoff angereichert.

Die Haut der Säugetiere ist meist mit einem Fell bedeckt, das sich aus einzelnen Haaren zusammensetzt. Diese sind ein für die Säuger typisches Hautprodukt.

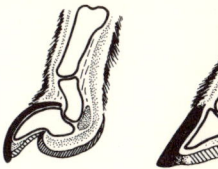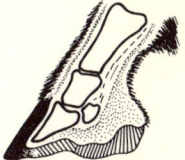

II. Schema eines Nagels (links) und eines Hufes (rechts)

Die dichten Wollhaare dienen vornehmlich der Wärmeisolation und sind mitunter sehr zart. Die längeren, aus dem Wollhaar herausragenden Haare sind gröber und werden als Grannen bezeichnet. Allerdings gibt es auch Säugetiere, deren Haut mit Schuppen, Stacheln oder Borsten bedeckt ist, oder die völlig nackt sind.

Auch Nägel, Krallen und Hufe sind Hautprodukte. Zu den Horngebilden zählen wir auch Hornansätze, Schuppen, Panzer und Stacheln. Geweihe hingegen sind Knochengebilde.

Nur die niedrigste Ordnung der Säugetiere, die Kloakentiere, vermehrt sich durch Eiablage. Alle anderen Säugetiere bringen lebende Jungen zur Welt. Während der Entwicklung des Keimlings im Mutterleib wird dieser durch ein besonderes Organ — die Plazenta — ernährt. Nach der Geburt werden die Jungen mit der Muttermilch aus den Milchdrüsen genährt. Diese sind besondere Gebilde der Hautdrüsen. Drüsenorgane sind überhaupt ein weiteres charakteristisches Merkmal der Säugetiere.

Wir unterscheiden einige Drüsenarten. Die häufigsten sind die Schweißdrüsen. In der Biologie der Säugetiere

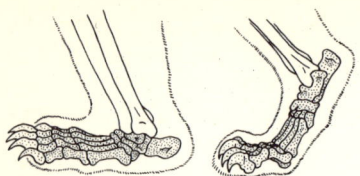

III. Schema der Hintergliedmaßen von Sohlengängern
(links) und Zehengängern
(rechts)

spielen jedoch auch die an verschiedenen Körperteilen
befindlichen Duftdrüsen eine wichtige Rolle. Durch ihre
Ausscheidungen unterrichten sich die artgleichen Indi-
viduen gegenseitig von ihrer Anwesenheit oder kennzeichnen den individuellen Revierbesitz.

Bei Tieren mit so stark ausgebildeten Drüsenorganen
kann vorausgesetzt werden, daß sie auch über einen
beachtlichen Geruchssinn verfügen. Tatsächlich ist dieser
bei vielen Säugetieren hoch entwickelt. Auch der Gesichtssinn ist stark ausgebildet. Nur bei Arten, die ständig
im Dunkeln leben, hat sich der Gesichtssinn zurückent-
wickelt. Ausgezeichnet ist auch der Gehörsinn. Je nach
den Lebensbedingungen der einzelnen Arten dominieren
entweder der Geruchssinn, das Gehör oder das Gesicht.
Sitz des Geschmackssinnes sind Mundhöhle und Gurgel.
Dort befinden sich die zahlreichen Geschmacksknospen.
Die Tastorgane sind einerseits in der Haut, andererseits
zwischen den Körperorganen gelagert. Am häufigsten
sind sie aber an den Handflächen, Fußsohlen, Lippen
und an der Schnauze entwickelt.

Die Grundform der Säugetiere ist der fünfzehige Vier-
füßler mit verhältnismäßig kleinem Kopf und langem
Schwanz. Von dieser Grundform unterscheiden sich am
stärksten die Fledermäuse, die sich dem Fliegen angepaßt haben. Je nachdem, ob das Tier mit der ganzen Sohle
auftritt oder nur mit den Zehen, teilen wir die Säugetiere
in Sohlengänger und in Zehengänger ein.

INSEKTENFRESSER

Die Säugetiere entwickelten sich am Anfang des Meso-
zoikums aus bestimmten Kriechtiergruppen. Ihre ältesten
Formen ähnelten am meisten die Insektenfresser.

   Die Insektenfresser sind die primitivsten Plazentalier.
Sie haben ein kleines, einfaches Gehirn, ein entwicklungsmäßig primitives Gebiß mit relativ vielen Zähnen — 28
bis 44. Die Backenzähne gleichen stark den Backenzähnen
der ältesten ausgestorbenen Säugetierarten. Es sind meist
kleine Tiere, und zu dieser Ordnung gehört auch das
kleinste überhaupt bekannte Säugetier, die Etruskerspitzmaus, die lediglich 2 g wiegt. Die größten unter den
Insektenfressern erreichen etwa Katzengröße. Fast alle
haben sie fünfzehige Extremitäten, einen schmächtigen
Schädel, bei dem oft die Jochbogen fehlen, und eine besonders auffallend verjüngte Schnauze, die in einen be-
weglichen Rüssel ausläuft. Dieser ist mit Muskeln versehen und kann bei einigen Arten sogar aufwärts bewegt
werden. Da sich die Insektenfresser hauptsächlich mittels
ihres Geruchssinnes orientieren und außerdem noch lange
Tastborsten auf der Schnauze haben, ist ihr Rüssel unaufhörlich in Bewegung.

IV. Igelschädel und Insektenfresserschädel

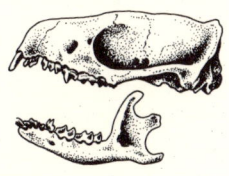 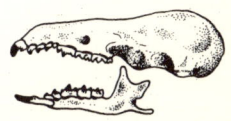

Über die Lebensgewohnheiten der Insektenfresser wissen wir bisher nur recht wenig und können sogar nicht einmal sagen, wieviel verschiedene Arten es auf der Welt überhaupt gibt. Sie kommen in allen Erdteilen mit Ausnahme von Australien, eines größeren Teiles von Südamerika sowie der Polargebiete vor. Die Insektenfresser sind den Lebensbedingungen auf dem Festland, im Wasser und unter der Erde angepaßt. Es gibt sogar Arten, die auf Bäume klettern können. Selbstverständlich hat die Anpassung an so unterschiedliche Umweltbedingungen verschiedene besondere Merkmale des Körperbaues mit sich gebracht.

Wie schon ihr Name verrät, ernähren sich die Insektenfresser hauptsächlich von Insekten. Sie verzehren allerdings auch kleine Wirbeltiere. Pflanzliche Nahrung nehmen sie nur in beschränktem Maße zu sich. Längeres Hungern können sie nicht vertragen und sie haben auch einen ansehnlichen Nahrungsbedarf. Ihre empfindliche Reaktion auf Nahrungsmagel ist wahrscheinlich auch der Grund, warum einige von ihnen, z. B. der Igel, in Winterschlaf verfallen. Während des Winterschlafs tritt eine wesentliche Funktionsbeschränkung sämtlicher Organe ein. Auf das Ansteigen der Umwelttemperatur reagiert er durch Erwachen.

Am individuenreichsten ist die wenig bekannte Gruppe der Rotzahnspitzmäuse aus der Familie der Spitzrüßler oder Spitzmäuse *(Soricidae)*. Aus Unkenntnis werden sie oft für Mäuse gehalten. Es sind kleine, ungemein agile Tiere, die unaufhörlich in Bewegung sind und ohne Unterlaß nach Beute suchen. Sie sind sehr umweltempfindlich und verenden bei ungünstigen Bedingungen sehr leicht. Ihre Lebensdauer ist überhaupt nur kurz − in der Regel überleben sie nicht den zweiten Winter.

FLATTERTIERE

Zu den Flattertieren gehören einerseits die fleischfressenden Fledermäuse, andererseits die früchtefressenden, tropischen Flederhunde. In anderen Säugetierordnungen finden wir auch Arten, die sich in der Luft bewegen können. Häutige Säume an den Körperseiten ermöglichen ihnen jedoch nur einen Gleitflug, also einen passiven Flug. Hingegen sind die Flattertiere zu einem aktiven Flug fähig. Ebenso wie bei den Vögeln bilden die eigentlichen Flugorgane die angepaßten vorderen Gliedmaßen, bei denen Unterarm und Finger, mit Ausnahme des Daumens, stark verlängert sind. Zwischen den Fingern, den Rumpfseiten und den hinteren Gliedmaßen sind dünne, empfindliche Flughäute gespannt. Sowohl bei den vorderen als auch bei den hinteren Gliedmaßen sind die Finger erhalten geblieben. Von den Fingern der Vordergliedmaßen steht allerdings nur der krallenbewehrte Daumen frei. Die Flattertiere bedienen sich seiner beim Klettern. Die Fußzehen sind meist frei, verhältnismäßig klein und mit Krallen versehen. Schwerlich eignen sie sich zu einer anderen Tätigkeit als zum Klettern. Eine weitere Besonderheit der Flattertiere ist ein Sporenbein, das von der Ferse ausgeht und zum Spannen der Schwanzflughaut zwischen Hintergliedmaßen und Schwanz dient. Wenn sie nicht fliegen, also beim Ruhen und Schlafen, hängen die Flattertiere kopfabwärts.

Die Ohrmuscheln der Fledermäuse sind dünnhäutig und von verschiedenster Form. An der Ohrwurzel befinden sich häutige Ohrendeckel. Ohrendeckel- und Ohrmuschelform sind für die einzelnen Arten typisch und oft maßgebend für die Artbestimmung. Der abgeflachte Körper der Fledermäuse ist, mit Ausnahme der Flughäute, von einem dichten, zarten Fell bedeckt. Die Fledermäuse haben 28 bis 38 Zähne, die einigermaßen dem Gebiß der Insektenfresser ähneln.

Das wichtigste Sinnesorgan der Fledermäuse ist das Gehör, das außer seiner normalen Funktion auch noch der Orientierung dient. Auch der schwachentwickelte Gesichtssinn spielt bei der Orientierung eine bestimmte, wenngleich untergeordnete Rolle. Da die männlichen Tiere um die Paarungszeit ein charakteristisch riechendes Sekret ausscheiden, kann vorausgesetzt werden, daß die Fledermäuse auch über einen Geruchssinn verfügen. Ein besonders entwickelter Wärmesinn ermöglicht ihnen, die temperaturmäßig günstigsten Winterquartiere auszusuchen.

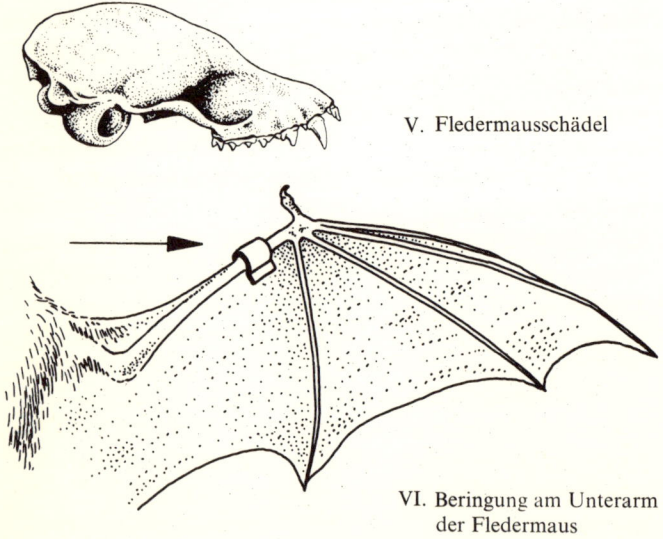

V. Fledermausschädel

VI. Beringung am Unterarm der Fledermaus

Die Nahrung der Fledermäuse besteht hauptsächlich aus Insekten, die sie im Fluge erbeuten. Die in tropischen Gebieten lebenden Flederhunde fressen Baumfrüchte. Berüchtigt sind einige Blutsaugerarten der amerikanischen Tropen, die den größeren Tieren kleine Wunden beibringen und von diesen Blut ablecken. Es gibt allerdings auch Arten, die sich von Blütensaft ernähren und in den Tropen als Blütenbestäuber wirksam werden.

Unsere Flattertiere — die Fledermäuse — gehören zu den in höchstem Maße nützlichen Säugetieren.

Bis auf einige wenige Ausnahmen, sind die Flattertiere Nacht- und Dämmerungstiere. Tagsüber schlafen sie in verschiedenen Verstecken, in hohlen Bäumen, Spalten verlassener Häuser, in Höhlen und Kellern. Ihre Tagverstecke verlassen sie erst nach Sonnenuntergang und begeben sich auf Jagd. Wie orientieren sich nun die Flattertiere bei völliger Dunkelheit? Erst vor etwa 30 Jahren wurde festgestellt, daß sich die Fledermäuse bei ihren nächtlichen Streifzügen mittels Echopeilung orientieren. Außer den normalen, auch für unser Ohr hörbaren Lauten, stoßen die Fledermäuse während des Fluges in kurz aufeinanderfolgenden Zeitabständen Ultraschallrufe aus und registrieren das von Hindernissen zurückprallende Echo. Danach orten sie jedes Hindernis und können durch Auswertung der Zeitdifferenz zwischen der Abgabe des Ultraschallrufes und der Echorückkehr auch seine Entfernung feststellen. Die Hufeisennasen „hören" so Hindernisse auch auf Entfernungen bis zu 8 m, andere Fledermausarten jedoch nur bis zu 1 m.

Wie die letzten Jahrzehnte — vor allem durch Beringung — gezeigt haben, sind die Fledermäuse in unseren geographischen Breiten nicht ganz ortstreu. Sie unternehmen regelmäßig Streifzüge von den Sommer- zu den

Winterquartieren bzw. umgekehrt. Züge nach sehr weit entfernten Quartieren sind bei den Fledermäusen nur Ausnahmefälle. So wurde z. B. eine in der Nähe von Dnjepropetrowsk beringte Zwergfledermaus nach 70 Tagen in Südbulgarien gefangen. Durch Beringungen konnten viele interessante Tatsachen aus dem Leben dieser Säuger ermittelt werden. Wer darum eine am Unterarm beringte Fledermaus findet, sollte die Ringangaben abschreiben und den Fund der Beringungswarte melden.

Grund der Fledermauswanderungen ist nicht etwa Nahrungsmangel, sondern das Aufsuchen geeigneter Winterquartiere. Im Winter halten unsere Fledermäuse nämlich einen tiefen Winterschlaf. Den Impuls zum Winterschlaf löst das Absinken der Umwelttemperatur aus. Die Mehrzahl überwintert in Felsenhöhlen, Grüften, verschiedenen Stollen oder Kellern. Sie überwintern kopfabwärts angehängt entweder einzeln oder in Gemeinschaften. Ähnlich wie bei anderen echten Winterschläfern sind die Funktionen sämtlicher Organe dermaßen verringert, daß sie den Organismus eben nur an der Grenze von Leben und Tod halten. Dabei hat die Natur hier selbst eine Unterkühlungssicherung geschaffen. Wenn die Körpertemperatur der winterschlafenden Fledermaus bis zu einem kritischen Punkt abgesunken ist, erwacht das Tier und sucht einen geeigneteren Platz zum Weiterschlafen.

In einen sonderbaren, winterschlafähnlichen Erstarrungszustand verfallen die Fledermäuse zu jeder Jahreszeit, wenn ungünstige Lebensbedingungen eintreten. Dadurch sparen die Tiere sehr viel Energie. Es hat sich auch gezeigt, daß der Alterungsprozeß nicht so schnell verläuft. Während Mäuse und Spitzmäuse nur selten den zweiten Winter überleben, wurde bei Fledermäusen ein

Alter von 12 und mitunter sogar von 20 Jahren festgestellt.

Dem entspricht auch die Vermehrungsfähigkeit der Fledermäuse, die nicht gezwungen sind, die Art durch kopfreiche Würfe mehrmals im Jahr zu erhalten. Das Fledermausweibchen wirft darum nur ein Junges jährlich, bei manchen Arten sind es höchstens 2 pro Jahr.

Die Paarung der Fledermäuse erfolgt in gemäßigten Gebieten im Spätsommer oder im Herbst. Die Eizelle wird im Mutterleib allerdings erst im Frühjahr befruchtet. Beim Wurf nimmt das Fledermausweibchen eine waagerechte Stellung ein, da es sich nicht nur mit den Hinterfüßen, sondern auch mit den Daumen der Vorderfüße festhängt. Durch Zurückschlagen des Schwanzes entsteht eine Tasche, die das Junge aufnimmt. Instinktiv klettert es dann am Mutterleib zur Milchzitze herauf, wo es sich anklammert. Die Jungen kommen nackt und blind zur Welt und ihre Flügel sind noch wenig entwickelt. Sie werden buchstäblich am Mutterleib großgezogen.

Insgesamt gibt es auf der Erde etwa 1000 Flattertierarten. Die Mehrzahl davon wohnt in tropischen oder subtropischen Gebieten. Sie fehlen auch in gemäßigteren Zonen nicht und einige Arten finden wir sogar im Gebirge. In der Antarktis und Arktis fehlen sie völlig.

HASENTIERE

Die Hasentiere haben einige Merkmale und Lebensgewohnheiten, die mit denen der Nagetiere identisch sind. Deshalb wurden sie in der Systematik früher auch mit den Nagetieren vereinigt. Es hat sich jedoch herausgestellt, daß diese Ähnlichkeit nur eine scheinbare ist. Es ist sehr wahrscheinlich, daß sich beide Ordnungen aus verschiedenen Vorfahren entwickelt haben.

Da die Hasentiere hinter den oberen Schneidezähnen noch ein Paar schwächerer, schmalerer Schneidezähne haben, werden sie auch Doppelzähner genannt. Die Nagetiere haben dagegen im Oberkiefer nur 2 Schneidezähne und werden darum als Einfachzähner bezeichnet.

Die Nagezähne werden vorderseitig durch unaufhörliches Nagen abgenutzt, haben keine Wurzeln und wachsen ständig nach. Beim Kauen bewegt sich der Unterkiefer der Hasentiere seitlich, also nicht nach vorn und rückwärts, wie bei den Nagetieren. Zwischen Schneide- und Backenzähne befindet sich eine zahnlose Lücke, Diastema genannt. Dieses Merkmal besitzen jedoch auch die Nagetiere. Dennoch finden wir mehrere Unterschiede zwischen beiden Ordnungen. So ist bei den Hasentieren der Abstand zwischen den oberen Zähnen größer als der Abstand zwischen den Zahnreihen des Unterkiefers. Bei den Nagetieren ist es gerade umgekehrt. Weiter sind die Gaumenfalten bei den Hasentieren dichter als bei den Nagetieren. Auf den Sohlen wachsen bei den Hasentieren eigenartige, im Querschnitt vierkantige Haare, die bei den Nagetieren nicht festgestellt wurden. Außer diesen mor-

VII. Schneidezähne der
Hasentiere und der Nagetiere

phologischen Merkmalen gibt es auch Unterschiede in der Verhaltensweise. Keines der Hasentiere — es gehören zu dieser Ordnung auch die kleinen Pfeifhasen — hält die Nahrung mit den Vorderfüßen fest, wie das bei den Nagetieren selbstverständlich ist. Ein gemeinsames Merkmal der Hasentiere sind verhältnismäßig lange Ohrmuscheln, die stets aus dem Fell herausragen und bei einigen Arten — Hasen und Kaninchen — sogar außerordentlich lang sind. Die Hinterläufe der Hasentiere sind stets etwas länger als die Vordergliedmaßen. Auch die Verdauungsorgane sind bei Hasentieren und Nagetieren verschieden. Vor allem ist es der lange, spiralförmig gedrehte Blinddarm, in dem sich die Zellulosespaltung vollzieht. Die Hasentiere sind als ausgesprochene „Vegetarier" nur auf pflanzliche Kost angewiesen und müssen verhältnismäßig große Mengen davon verzehren, da pflanzliche Nahrung nur wenig ergiebig und schwer verdaulich ist. Die Huftiere, deren Nahrung ähnlich zusammengesetzt ist, verwerten dieselbe wesentlich gründlicher, indem viele in bestimmten Zeitabständen die Nahrung in die Mundhöhle zurückstoßen und wiederkauen. Doch auch die Hasen nutzen die Nahrung gründlich aus. Sie haben nämlich zweierlei Exkremente. Die kugelförmige Losung enthält die unverdaulichen Nahrungsreste. Außerdem scheiden die Hasen noch ein weiteres Exkrement aus, den Vitaminkot, der breiförmig ist und von der Afteröffnung geleckt, gekaut und geschluckt wird. In letzter Zeit wurde nachgewiesen, daß im Blinddarm der Hasen mit Hilfe der Darmbakterien Vitamin B_1 produziert wird, und daß der Vitaminkot fünfmal mehr von diesem Vitamin enthält als die normale Losung. Die Hasen decken auf diese Weise ihren Bedarf an dem lebenswichtigen Vitamin. Diese Besonderheit wurde bisher nur bei der Familie der Hasen

VIII. Einzelne Phasen des Hasenlaufes

festgestellt, ob sie auch auf die Familie der Pfeifhasen zutrifft, steht nicht fest.

Die Familie der Hasen ist in allen Erdteilen verbreitet. Allerdings sind Hasen und Kaninchen in Australien und auf Neuseeland erst vom Menschen eingebürgert worden. Besonders die Kaninchen wurden dort zur ausgesprochenen Landplage, da sie fast keine natürlichen Feinde vorfanden.

Von den Sinnen sind bei den Hasen am besten Gehör und Gesicht entwickelt. Das feine Gehör wird noch durch die verhältnismäßig langen Ohrlöffel verbessert, die die Hasen in Schallrichtung zu stellen vermögen.

Sämtliche Arten der Familie der Hasen sind beliebte Jagdtiere, und so werden ihnen häufig auch die Schäden verziehen, die sie an Feldfrüchten und Jungbäumen anrichten.

NAGETIERE

Die Nagetiere bilden mit etwa einem Drittel aller überhaupt bekannten Säugetiere die artenreichste Ordnung. Außerdem sind sie gleichzeitig auch die individuenreichste Säugetierordnung. Bei vielen Arten kommt es sogar regelmäßig zu derartigen Massenvermehrungen, daß sie weite Flächen buchstäblich überfluten.

Der ungeheuere Arten- und Individuenreichtum läßt darauf schließen, daß sie die gesamte Ordnung der Nagetiere gegenwärtig auf einem Entwicklungshöhepunkt befindet. Allerdings finden wir unter den Nagetieren keine Riesensäuger. Die größte bekannte Art, das südamerikanische Wasserschwein, wiegt etwa 50 kg, die meisten Arten sind jedoch nur mäusegroß. Obwohl die meisten Nagetiere zu ebener Erde leben, finden wir unter ihnen auch hoch spezialisierte Tiere. Manchen ermöglichen z. B. Hautfalten an den Flanken, zwischen Vorder- und Hintergliedmaßen einen gekonnten Gleitflug, manche Arten sind für das Leben im Wasser, unter der Erde oder in hohen Baumwipfeln angepaßt.

Trotz aller artbedingten Unterschiedlichkeiten können wir die Zugehörigkeit zur Ordnung der Nagetiere zuverlässig nach dem Schädel bestimmen. Ihr Gebiß ist nämlich hervorragend zum Nagen geeignet und besitzt 12 bis 22 Zähne. Die Zahl der Zähne ist unterschiedlich je nach Familie und Gattung. Die Nagetiere haben keine Eckzähne, und in jedem Kiefer befinden sich je 2 gebogenen Schneidezähne, die als Nagezähne bezeichnet werden. Ihre Vorderkante ist meißelscharf.

Wie kommt es, daß die Nagezähne so scharf sind? Sie sind nicht allseitig mit Zahnschmelz versehen, sondern nur von vorn. Die Innenseite ist wesentlich weicher und nutzt sich daher beim Nagen rascher ab. So entsteht eine scharfe Hobelkante. Der Zahnschmelz ist orangefarben oder rötlich, und viele Nagetiere nutzen diese Tatsache zum Einschüchtern ihrer Gegner. Da sich die Nagezähne am Ende ununterbrochen abnutzen, müssen sie ständig nachwachsen.

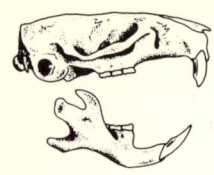

IX. Nagetierschädel

Zwischen Backen- und Schneidezähnen klafft eine große Lücke, das Diastema. Die Oberfläche der Backenzähne ist verschieden, flach, buckelig oder mit Schmelzleisten versehen. Wenn die Backenzähne die Nahrung zermalmen, bewegt sich der Unterkiefer von vorn nach rückwärts, und nicht seitlich wie bei anderen Säugetieren mit Ausnahme der Huftiere.

Hauptnahrung der Nagetiere sind Pflanzen. Nagetiere kommen praktisch überall vor, im warmen Tiefland, in Wäldern, Steppen, ja sogar in der Wüste, an Gewässern ebenso wie in den Felsen der Hochgebirge, in der Tundra ebenso wie im tropischen Dschungel. Sogar in Australien kommen Nagetiere vor. Sie sind hier zusammen mit einigen Flattertieren die einzigen Vertreter der höheren Plazentasäugetiere.

Im allgemeinen wird angenommen, daß Nagetiere in Gemeinschaften leben. Dennoch bevorzugen einige Arten ein Einsiedlerleben, z. B. der Hamster. Die Hörnchen bilden einen gewissen Übergang. Sie kommen einzeln vor, bilden mitunter jedoch auch größere Gruppierungen insbesonders dort, wo es genügend Nahrung gibt.

Größere Arten, die weniger Feinde haben und ein höheres Lebensalter erreichen, werfen nur einmal jährlich. Dagegen bringen die kleineren Arten mehrere Würfe im Jahr zur Welt und die Wurfgrößen sind recht hoch, nicht selten mehr als 10 Junge. Die Jungen kommen nackt und blind zur Welt, entwickeln sich jedoch sehr rasch.

Der Fortpflanzungsbiologie der Nagetiere wird in letzter Zeit besondere Aufmerksamkeit gewidmet. Bis heute sind jedoch noch viele damit zusammenhängende Fragen unbeantwortet, so z. B. die Gründe der Massenvermehrung. Bei den Feldmäusen bewegt sich die Wurfgröße von 1 bis 13 Jungen. Paarung und Befruchtung können unmittelbar nach dem Wurf erfolgen, so daß Feldmäuse mitunter alle 3 Wochen Junge haben. Die Geschlechtsreife der Weibchen tritt schon sehr früh ein. Die Vermehrungszeit ist zwar an günstige Witterungsverhältnisse gebunden, erstreckt sich jedoch von Februar bis Oktober. Auch winterliche Vermehrung ist nicht ausgeschlossen. Bei Massenvermehrungen der Wühlmäuse hebt sich der Revierbegriff auf, d. h. die Verteidigung des eigenen Lebensbezirkes. Dieser ursprüngliche Trieb tritt so weit zurück, daß auch mehrere Weibchen in einem Nest werfen. Während der Paarungszeit herrscht zwischen den Männchen eine große Rivalität, wodurch jüngere und schwächere Männchen auf natürliche Weise von der Vermehrung ferngehalten werden. Nur die kurze Lebenszeit der Nagetiere — etwa eineinhalb Jahre —, die große Sterblichkeit während des Winters und bei andauerndem Schlechtwetter sowie die Tatsache, daß in den Mäusejahren aus inneren Gründen ganze Populationen dahinsterben, verhindern, daß die Erde nicht von Nagetieren überflutet wird. Außer den Schäden an landwirtschaftlichen Produkten, Waldkulturen und Nahrungsgütervorräten übertragen einige Arten schwere ansteckende Krankheiten auf den Menschen. Allerdings sind nicht alle Nagetiere schädlich, viele bringen dem Menschen auch wirkliche Nutzen, sei es durch ihr Fleisch oder durch ihre Felle.

RAUBTIERE

Unter dem Begriff Raubtiere stellt man sich mit Recht Säugetiere vor, die imstande sind, sich einer lebenden Beute zu bemächtigen und das Beutetier zu töten. Die verschiedenen Raubtierarten besitzen diese Fähigkeit in unterschiedlichem Maße. Manche überraschen durch Behendigkeit und Angriffslust, andere Arten begnügen sich mit Aas oder bescheiden sich zeitweilig mit pflanzlicher Nahrung.

Das Gebiß der Raubtiere besteht aus 28 bis 48 Zähnen. Fuchs und Wolf haben 42 Zähne, Marder 38, Otter 36, Wiesel und Iltis 34 Zähne. Wildkatzen und Luchse haben 30 Zähne. Die Eckzähne sind stets am längsten und eignen sich ausgezeichnet zum Packen und Zerreißen der Beute. Der letzte Lückenzahn des Oberkiefers und der erste Backenzahn des Unterkiefers haben eine scharfkantige, messerähnliche Krone und dienen vor allem zum Zerreißen der Beute. Der Unterkiefer ist mit dem Schädel so verbunden, daß der Kiefer nur auf- und abwärts bewegt werden kann.

Über die Scheitellinie des Schädels verläuft ein Knochenkamm *(Crista sagittalis)*, der bei den männlichen Tieren höher ist als bei den weiblichen. Auch bei älteren Tieren ist er stärker entwickelt als bei Jungtieren. Diese Knochenleiste dient als Ansatz der mächtigen Kaumuskeln.

Ihrer Beute bemächtigen sich die Raubtiere auf verschiedene Weise. Gute Läufer hetzen die Beutetiere, andere beschleichen und überfallen sie aus dem Hinterhalt, die Marder verfolgen ihre Beute in Felsen oder Baumkronen, und der Otter jagt Fische sehr gewandt auch unter Wasser.

Die Gliedmaßen mit 5 oder 4 Zehen sind der Art des Jagens angepaßt, aber nur die Katzen können die Beute mit den Krallen der Vorderpranke fassen. Die Katzenkrallen sind gebogen, scharf und einziehbar.

Die Sinne der Raubtiere sind, bis auf wenige Ausnahmen, ausgezeichnet. Am besten sind Geruch und Gehör entwickelt. Bei den Katzen wird der nicht geradezu hervorragende Geruchssinn durch einen äußerst scharfen Gesichtssinn wettgemacht. Bei den Raubsäugern, die sich hauptsächlich mit Hilfe ihres Geruchssinnes orientieren, spielen die Duftdrüsen eine bedeutende Rolle. Durch die Ausscheidungen dieser Drüsen unterrichten sich artgleiche Tiere gegenseitig von ihrer Anwesenheit und kennzeichnen ihren individuellen Revierbesitz.

Die meisten Raubtiere führen ein Einsiedlerleben. Von unseren Raubsäugern lebt nur der Wolf in kleinen Gemeinschaften — Rudeln.

Die Jungen der Raubtiere kommen blind und mit geschlossenem Gehörgang zur Welt. Längere Zeit sind sie völlig hilflos und ausschließlich auf die Fürsorge des Muttertieres angewiesen. Einige Raubsäuger leben in Einehe, doch dauert dieser Zusammenhalt in der Regel

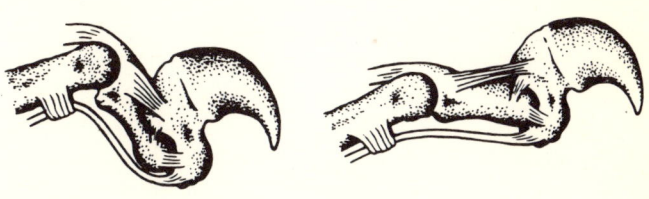

X. Mechanik der einziehbaren Katzenkrallen

nur eine Fortpflanzungsperiode. Die männlichen Tiere nehmen in manchen Fällen Anteil am Aufziehen der Nachkommenschaft, manchmal halten sie sich abseits von der Familie, und mitunter muß sie die Mutter sogar von den Jungen fernhalten, damit sie diese nicht als Beute auffressen. Die geschlechtliche Reife erreichen die Raubsäuger im ersten bis fünften Lebensjahr.

Raubtiere leben in allen Erdteilen, nur in Australien fehlten sie ursprünglich. Der australische Wildhund, der Dingo, gelangte erst sekundär auf diesen Erdteil.

Die meisten Raubtiere können sich auf Grund ihrer verhältnismäßig hohen geistigen Fähigkeiten den unterschiedlichsten Umweltbedingungen anpassen. In höheren geographischen Breiten verfallen einige Arten in einen Winterschlaf oder verbringen, genauer gesagt, die Zeit der ungünstigen Witterung schlafend in ihrem Unterschlupf. Ein eigentlicher Winterschlaf, wie wir ihn bei den Nagetieren, Insektenfressern und Flattertieren kennen, ist es jedoch nicht. Die Körpertemperatur sinkt dabei nämlich nicht oder nur geringfügig. Auch erwacht das Tier einige Male während des Winters und begibt sich sogar auf längere Streifzüge.

Früher herrschte die Meinung vor, daß alle Raubsäuger Schädlinge seien. Heute wissen wir, daß die Raubtiere in der Naturgemeinschaft ihre ganz bestimmte Funktionen haben, und daß einige Arten — nach der Zusammensetzung ihrer Nahrung — sogar wirtschaftlich in höchstem Grad nützlich sind. Die Raubtiere tragen nämlich wesentlich zur Aufrechterhaltung des natürlichen Gleichgewichtes bei und verhindern z. B. die Übervermehrung bestimmter Nagetierarten. Sie sind somit die natürlichen Helfer des Menschen bei der Schädlingsbekämpfung.

PAARHUFER

Um die Paarhufer gut beschreiben zu können, ist es notwendig, wenigstens einige ihrer Hauptmerkmale mit der verwandten Ordnung der Unpaarhufer zu vergleichen. Sowohl die Unpaarhufer als auch die Paarhufer gehören zu den Huftieren, da bei beiden Ordnungen die Krallen zu Hufen umgewandelt sind. Die Horngebilde der Hufe bedecken die letzten, erweiterten Zehenglieder auf allen Seiten und schützen die Zehenspitze.

Bei drohender Gefahr retten sich die Huftiere durch die Flucht. Ausgestorbene ebenso wie noch lebende Huftierarten beweisen, daß die schnellsten Läufer jene Arten sind, bei denen sich die Zehenzahl maximal reduziert hat. Während bei den Unpaarhufern das Körpergewicht auf einer einzigen, mit einem Huf versehenen Zehe ruht, stützen sich die Paarhufer auf zwei Zehen. Ihre Fußachse verläuft durch den Zwischenraum zwischen der dritten und vierten Zehe. Die übrigen Zehen sind entweder verkümmert oder fehlen gänzlich. Eine Ausnahme bilden die Flußpferde, bei denen alle 4 Zehen gleich groß sind.

Die Mehrzahl der Paarhufer gehört zur Unterordnung der Wiederkäuer. Das sind Tiere, die ausschließlich von pflanzlicher Nahrung leben, die sie in zwei Phasen verarbeiten. Zunächst äsen sie reichlich und nach einiger Zeit kauen sie die Nahrung wieder. Diese zweite Phase erfordert keine äußerliche Aktivität des Tieres und ververläuft während der Ruhezeit.

Der Magen besteht in der Regel aus 4 Teilen. Der erste, Pansen genannt, dient als Speicher, in dem die Nahrung aufbereitet, jedoch nicht verdaut wird. Aus dem Pansen gelangt die Nahrung in den Netzmagen, und aus diesem, in der Ruhezeit des Tieres, durch Aufstoßen in Kügelchen zurück in die Mundhöhle, wo sie gründlich zermahlen wird. Durch eine besondere Schlundspalte kommt die zerkaute Nahrung nunmehr in den Blättermagen. Das eigentliche Verdauungsorgan ist jedoch der vierte Teil, der Labmagen. Die Verdauung der pflanzlichen Nahrung ist langwierig und erfolgt hauptsächlich in den Därmen. Bei nichtwiederkäuenden Paarhufern, z. B. dem Wildschwein, finden wir diese Vierteilung des Magens nicht.

Der Unterschied zwischen wiederkäuenden und nichtwiederkäuenden Paarhufern besteht auch im Gebiß. So ernähren sich z. B. die Schweine nicht nur von pflanzlicher Nahrung, sondern von allem, was überhaupt freßbar ist. Wir bezeichnen sie als Allesfresser. In ihrem Gebiß finden wir daher sämtliche Zahnarten. Die Backenzähne sind breit, und die Kauflächen haben Buckel, die eher an Bärenzähne erinnern. Nur die Eckzähne haben die für die Schweine charakteristische Form, sie sind, besonders bei den Keilern, gebogen und überragen die Kiefer. Das Gebiß der Wiederkäuer ist dagegen einseitig zur Aufnahme und Verarbeitung pflanzlicher Nahrung bestimmt. Die oberen Schneidezähne fehlen gänzlich. An ihrer Stelle befindet sich lediglich eine Knorpelplatte, gegen die beim Äsen Grasbüschel angedrückt und durch eine ruckartige Kopfbewegung abgerissen werden. Die Eckzähne des Oberkiefers sind völlig verschwunden oder verkümmert und funktionslos. Im Unterkiefer haben sie die Form von Schneidezähnen, an die sie auch anschließen. Die Backenzähne und die Mahlzähne sind mächtig entwickelt, haben scharfe Kanten und eignen sich vortrefflich zum Zermahlen der Nahrung. Die Anzahl der Zähne schwankt artbedingt zwischen 28 und 44.

Die Geschlechtsunterschiede zeigen sich vor allem in der Größe der Tiere. Die männlichen Tiere sind in der

Regel mächtiger gebaut. Außerdem sind die männlichen Tiere meistens durch besondere Stirngebilde zu erkennen, die bei den Hirschen Geweih und bei den echten Wiederkäuern Hörner genannt werden. Das Geweih ist kein ständiges Gebilde. Die Hirsche werfen das Geweih zu bestimmten Jahreszeiten ab und setzen dann wieder ein neues an. Dieses wächst aus den sogenannten Rosenstöcken, Ausläufern des Stirnbeines. In der Brunftzeit zeugt das Geweih von der Mächtigkeit und Kraft des Hirsches und dient zum Vertreiben der Nebenbuhler im Kampf um die Weibchen. Es ist allerdings nicht richtig, das Geweih als Waffe zu bezeichnen, eher ist es zum Einschüchtern des Gegners geeignet. Manche Hirsche haben einfache Geweihe, andere reich verzweigte, z. B. Elch und Damhirsch. Das reichverzweigte Geweih wächst jedoch dem jungen Hirsch nicht sofort. So hat z. B. Rothirsch im zweiten Lebensjahr zunächst nur einfache, unverzweigte Stangen. Er wird als Spießer bezeichnet. Im dritten Jahr kann er dann ein Gabler oder sogar ein Achtender sein. Bei günstigen Bedingungen kann sich ein Hirsch im dritten Jahr aber auch zum Zehnender

XI. Entwicklung des Hirschgeweihs (Spießer, Gabler, Sechsender, Zehnender, Sechszehnender)

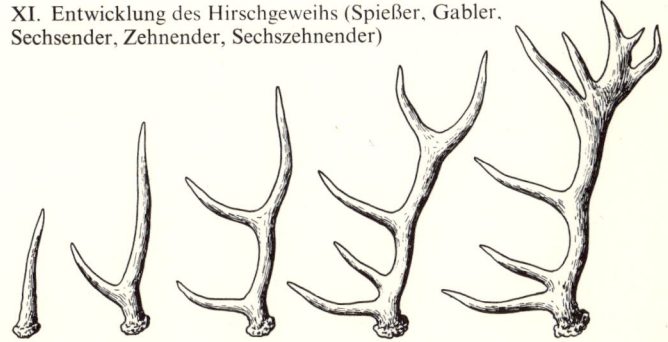

entwickeln. Schon aus diesen Beispielen ist zu ersehen, daß aus der Anzahl der Enden nicht auf das Alter des Hirsches geschlossen werden kann. Auf das Alter ist eher nach der Abnutzung der Zähne oder der Form der Rosen zu schließen, die im Laufe der Zeit immer niedriger und breiter werden.

Die Hörner der horntragenden Säugetieren sind beständige Gebilde, die nicht alljährlich erneuert werden. Den Grund bilden knöcherne Auswüchse des Stirnbeines. Auf diesen befinden sich Hornscheiden, die verhornte Hautgebilde darstellen. Bis auf eine einzige Ausnahme — den amerikanischen Gabelbock — verzweigen sich die Hörner nicht. Mitunter haben auch weibliche Tiere Hörner, während das Geweih ausschließlich Vorrecht der männlichen Tiere ist — mit Ausnahme des Rens.

Hörner sind gewöhnlich gekrümmt oder gedreht. Ihre Entwicklung ist hauptsächlich von der Nahrungsqualität und dem Alter des Tieres abhängig. An den Hörnern entstehen so Ringe, die etwa mit den Jahresringen der Bäume zu vergleichen wären. Nach diesen kann annähernd auf das Alter geschlossen werden. Ein weiterer Unterschied zwischen Hörnern und Geweihen ist die Tatsache, daß das Horn an der Wurzel, das Geweih an den Enden wächst.

Die Junge der Paarhufer kommen recht entwickelt zur Welt und sind schon einige Studen nach der Geburt imstande, die Mutter zu begleiten. Oft haben die Jungtiere eine andere Färbung als die Altern.

Paarhufer leben in allen Erdteilen, mit Ausnahme von Australien und Neuseeland. Doch auch dort wurden einige Arten eingebürgert (Hirsch) und gedeihen recht gut. Fast alle Paarhufer sind Jagdwild, und einige Arten werden als wichtige Haustiere gezüchtet.

BILDTEIL

Europäischer Igel

Erinaceus europaeus   *Erinaceidae*

Den einsiedlerisch lebenden Igel erkennt jeder an dem Stachel-
kleid, das die gesamte Oberseite bedeckt. Meist begegnen wir ihm
in der Dämmerung. Er ist nicht übertrieben vorsichtig und verläßt sich vielmehr auf den Schutz seiner ca. 16 000 Stacheln.

Der Igel kommt fast in ganz Europa vor. Vornehmlich hält er
sich in lichten Laubwäldern sowie in Parkanlagen und Gärten auf.
Dem Menschen geht er nicht allzusehr aus dem Wege. In Mitteleuropa ist er in Höhenlagen bis zu 2000 m anzutreffen, im Osten
sogar noch höher. Bei seinen nächtlichen Streifzügen sucht er
nach Insekten, Larven, Puppen, Regenwürmern, Schnecken und
Nacktschnecken, mitunter erbeutet er wohl auch eine Eidechse,
eine Maus oder einen jungen Vogel. Auch Vogeleier von Boden-
nestern verschmäht er nicht und nimmt ganz ausnahmsweise auch
pflanzliche Nahrung zu sich. Im Verhältnis zu seiner Größe —
25 bis 30 cm — verbraucht er recht viel Nahrung. Er stellt auch
Schlangen nach und ist gegen Schlangengift viermal widerstands-
fähiger als z. B. große Meerschweinchen.

Auf seinen Beutezügen orientiert er sich hauptsächlich mit
Hilfe seines Geruchssinnes.

Im Nest wirft das Weibchen ein- oder zweimal im Jahr 2 bis
10 mit weichen, anliegenden Jungstacheln bedeckte Junge. Die
Nestlinge werden von der Mutter 40 Tage lang behütet, dann
trennt sich die Familie, und jedes ihrer Mitglieder geht seine eigenen Wege.

Sowie die kalte Jahreszeit herannaht, verfällt der Igel in tiefen
Winterschlaf. Während dieser Zeit nimmt er keinerlei Nahrung
zu sich, und jegliche Körpertätigkeit erlahmt. Die Körpertemperatur sinkt fast auf die Umweltwärme ab und stabilisiert sich bei
großer Kälte auf etwa $+ 5^0$ C.

Gebiß

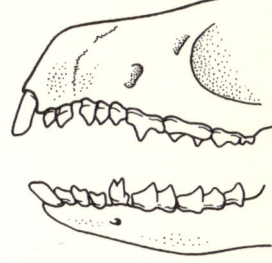

Europäischer Maulwurf

Talpa europaea   *Talpidae*

Der Europäische Maulwurf ist weitgehend seiner unterirdischen Lebensweise angepaßt. Vom walzenförmigen Rumpf stehen seitlich breite, schaufelartige Vorderpfoten ab, die kräftige Nägel an den Zehen haben. Der Leib ist mit dichtem, kurzem Fell bedeckt und mißt etwa 125 bis 160 mm, die Schwanzlänge beträgt 23 bis 28 mm, und die Hintergliedmaßen haben 17 bis 19 mm. Den größten Teil seines Lebens verbringt der Maulwurf im Dunkeln unter der Erde. An die Erdoberfläche begibt er sich nur ausnahmsweise. Die Augen sind nur mohnkorngroß. Deshalb ist auch die Gesichtsorientierung des Maulwurfs gering. Die Gehörgangsöffnungen sind nicht durch Ohrmuscheln geschützt. Der gesamte Körperbau ist der unterirdischen Lebensweise angepaßt.

In geringer Tiefe unter der Erdoberfläche — bis 30 cm — höhlt er ein Gangsystem aus, das ständig erweitert wird. Die dabei anfallende Erde schiebt er mit großer Kraft an die Erdoberfläche. So entstehen die Maulwurfshügel. Unter dem größten befindet sich in etwa 30 bis 60 cm Tiefe die Nestkammer mit einem geräumigen Lager. Jeder Maulwurf hat seine eigene Nestkammer, obwohl das Gangsystem auch von einigen Maulwürfen gemeinsam genutzt wird. Sie legen dann unter der Erde auch Entfernungen bis zu einem Kilometer zurück.

Das Maulwurfweibchen zieht alljährlich nur einen Wurf von 2 bis 7 Jungen auf. Diese verlassen das Nest erst im Alter von etwa 33 Tagen, leben aber dann noch einige Zeit mit der Mutter.

Der Maulwurf ernährt sich ausschließlich von tierischer Nahrung. Für die Zeit des Nahrungsmangels legt er manchmal Regenwürmervorräte an.

Den Europäischen Maulwurf treffen wir fast überall an. Sein Verbreitungsraum umfaßt ganz Europa und reicht im Norden bis Schottland und Südschweden, im Osten bis zum Baikalsee und in die Mongolei.

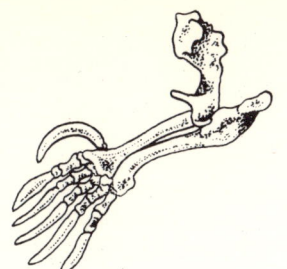

Vorderfußskelett

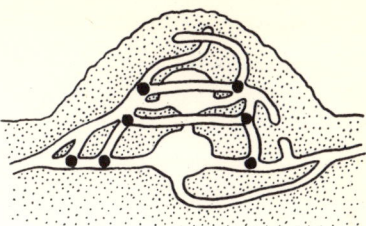

Maulwurfshaufen

Pyrenäen-Desman

Desmana pyrenaica

Äußerlich ähnelt der Pyrenäen-Desman einer großen Spitzmaus. Anatomisch steht er jedoch den Maulwürfen wesentlich näher und gehört auch zu dieser Familie. Von der Gattung der Desmane sind nur 2 Arten bekannt und beide haben in Europa nur sehr beschränkte Verbreitungsgebiete. Die Desmane haben einen gedrungenen, untersetzten Leib mit kurzem Hals. Die schmächtige Schnauze gleicht einem kleinen Rüssel, der bei der Nahrungssuche ununterbrochen in Bewegung ist. Beide Arten leben im Wasser oder wenigstens in Wassernähe. Dem Wasserleben sind die Desmane auch weitgehend angepaßt, sowohl durch das Fell als auch durch die Schwimmhäute an den Füßen. Eine recht eigentümliche Form hat der Schwanz. An der Wurzel ist er eingeschnürt, dann zylindrisch angeschwollen und im letzten Drittel seitlich zusammengedrückt. Er dient beim Schwimmen als Steuer. An der Schwanzwurzel befindet sich die Moschusdrüse, aus der scharf riechende Ausscheidungen abgesondert werden.

Der Pyrenäen-Desman lebt an den klaren Gebirgsbächen der Pyrenäen, in Nordspanien und Portugal. Seine Kopfrumpflänge beträgt 11 bis 13 cm, der Schwanz mißt 13 bis 15 cm. Das Gewicht erreicht 50 bis 80 g. Das dichte Fell ist oberseitig dunkelbraun mit metallischem Glanz, unten silberweiß, an der Brust gelblich. Nach Beute jagt er hauptsächlich im Wasser und ernährt sich von kleinen Wassertieren, einschließlich kleiner Fische.

Sein Verwandter, der Wychuchol *(Desmana moschata)*, ist wesentlich größer. Der Leib mißt 18 bis 21 cm, der Schwanz 17 bis 20 cm. Seine ursprüngliche Heimat sind die Unterläufe von Wolga und Don sowie der Mittellauf des Urals. Als hochwertiges Pelztier wurde er auch an vielen anderen Stellen künstlich eingebürgert.

Hinterfuß

Waldspitzmaus

Sorex araneus   *Soricidae*

Spitzmäuse werden oft für Mäuse gehalten. Die Mäuse gehören jedoch zur Ordnung der Nagetiere, die Spitzmäuse zu den Insektenfressern, sind also Verwandte von Igel und Maulwurf. Das Gebiß der Insektenfresser ist, unter der Lupe betrachtet, schrecklicher als das Gebiß der Raubsäuger. Die Gattung der Rotzahnspitzmäuse hat 32 Zähne mit scharfen, rötlich gefärbten Spitzen. Der Leib der Waldspitzmaus ist allerdings recht klein, lediglich 65 bis 85 mm lang, der behaarte Schwanz mißt 32 bis 56 mm; die Oberseite ist tabakbraun, der Bauch hell.

Die Waldspitzmaus lebt sowohl in Niederungen als auch in den Bergen. Am häufigsten hält sie sich in feuchten Wäldern mit entwurzelten Bäumen, Löchern und moosbewachsenen Steinen auf. Dort findet sie auch reichlich Nahrung, nämlich Spinnen, Schnecken und Würmer, die sie in größerer Menge vertilgt. Im weichen Waldboden gräbt die Waldspitzmaus einen eigenen Bau, noch lieber aber bezieht sie verlassene Mäuselöcher. Mitunter baut sie ihr Nest auch in Baumstrunkhöhlungen oder zwischen Wurzelwerk, meist unterirdisch. Laub, Moos und Gräser geben das Baumaterial ab. Das Weibchen wirft drei- bis viermal jährlich 1 bis 9 Junge. Diese sind zunächst nackt und blind und werden erst in der dritten Woche sehend. Aus dem Nest wagen sie sich nicht vor 21 Tagen, aber schon am 22. oder 23. Tag verlassen sie das Nest für immer. Die Männchen haben um die Paarungszeit an den Flanken stark entwickelte Duftdrüsen.

Die Lebenszeit der Spitzmäuse ist verhältnismäßig kurz. Den zweiten Winter überleben sie in der Regel nicht mehr und werden in freier Natur kaum älter als 14 Monate. Sie halten keinen Winterschlaf.

Die Waldspitzmaus ist in Europa und in Asien zu Hause, wo sie in großen Mengen anzutreffen ist.

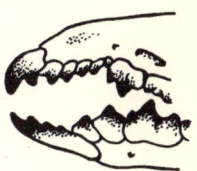

Gebißform

Zwergspitzmaus

Sorex minutus

Die Zwergspitzmaus ist eines der kleinsten Säugetiere. Ihr Leib mißt nur 40 bis 64 mm, der verhältnismäßig lange Schwanz ist behaart und hat 32 bis 46 mm. Das Gewicht dieses Zwergsäugers bewegt sich zwischen 3 und 5 g. Die Färbung ähnelt der Waldspitzmaus, ist jedoch mehr graustichig. Beide Arten sind leicht durch die Condylobasallänge des Schädels zu unterscheiden. Diese beträgt bei der Waldspitzmaus 18 bis 20 mm, bei der Zwergspitzmaus hingegen nur 14,5 bis 16 mm.

Das Verbreitungsgebiet der Zwergspitzmaus reicht von Irland über Europa und Sibirien bis nach dem Fernen Osten. Ihr Lebensraum sind Laub- und Nadelwälder, doch kommt sie dort nicht so häufig vor wie die Waldspitzmaus. Die Lebensweise beider Arten ist sehr ähnlich, auch das Nest der Zwergspitzmaus gleicht dem ihrer größeren Verwandten. Die Paarung erfolgt von April bis September und das Weibchen wirft drei- bis viermal im Jahre 2 bis 9 Junge. Diese verlassen das Nest körperlich bereits gut entwickelt und unterscheiden sich dann kaum noch von ihren Eltern. Was ihre Gefräßigkeit anbelangt, steht die Zwergspitzmaus in keiner Weise hinter der Waldspitzmaus zurück. Bei Nahrungsmangel geht sie schon nach 5 bis 9 Stunden zugrunde. Die Nahrung besteht hauptsächlich aus Insekten und anderen kleinen wirbellosen Tieren. Die Biologie dieses Säugers ist bisher noch nicht hinreichend bekannt.

Die Zwergspitzmaus ist — ebenso wie alle übrigen Rotzahnspitzmäuse — sehr empfindlich. Während Mäuse, die in der Falle an Bein oder Schwanz verletzt wurden, meist trotzdem recht lebendig und munter sind, überleben die Spitzmäuse Verletzungen durch den Fallenbügel in der Regel nicht.

Gebißform

Maskenspitzmaus

Sorex caecutiens   *Soricidae*

Die Maskenspitzmaus ist eine weitere Art der Rotzahnspitzmäuse. Sie bewohnt weite Gebiete Nordschwedens, Norwegens,
Nordostpolens, die euroasische Tundra und Taiga bis zur Tschuk-
tschen-Halbinsel, die Kurilen, Sachalin und Japan. Im Süden
reicht ihr Verbreitungsgebiet bis in die Mongolei und nach China.
Es ist anzunehmen, daß sie in Europa auch noch an weiteren
Orten festgestellt werden wird, wie aus kürzlich erfolgten Funden
in den Niederlanden hervorgeht. Die Maskenspitzmaus wird
nämlich häufig mit der Waldspitzmaus verwechselt. Die Unter-
scheidung beider Arten ist tatsächlich nicht ganz einfach. Mit den
Körpermaßen liegt die Maskenspitzmaus etwa zwischen Wald-
und Zwergspitzmaus. Die Kopfrumpflänge beträgt 54 bis 67 mm,
der Schwanz mißt 40 bis 46 mm, also etwa 70 % der Kopfrumpflänge. Die Hinterfüße haben eine Länge von 11 bis 12 mm. Ein
unumstößliches Merkmal ist die Condylobasallänge des Schädels,
die niemals mehr als 18 mm erreicht, genau 16,2 bis 17,7 mm. In
der Färbung ähnelt die Maskenspitzmaus ihrer größeren Verwandten. Die Oberseite ist dunkel- bis schwarzbraun, die Unterseite grau mit rostrotem Anflug.

Die Maskenspitzmaus ist vornehmlich ein Bewohner der Tun-
drawälder. Sie kommt zwar an feuchten Orten mit viel Humus und
Waldstreu vor, weicht allerdings weiten Torfmooren aus. Ihre
Nahrung unterscheidet sich kaum von der Nahrung der Waldspitzmaus. Die Maskenspitzmaus vermehrt sich die ganze wärmere Jahreszeit über. Die Jungen, 2 bis 11 in einem Wurf, kommen
ebenso wie bei den anderen Spitzmäusen blind zur Welt.

Die Verbreitung der Maskenspitzmaus in Europa verdient
größte Aufmerksamkeit, da mit hoher Wahrscheinlichkeit anzunehmen ist, daß sie auch in anderen Gebieten Europas vorkommt,
nicht nur im Norden.

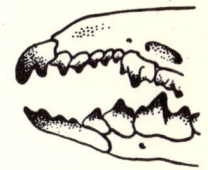

Gebißform

Alpenspitzmaus

Sorex alpinus *Soricidae*

Das Hauptverbreitungsgebiet der Alpenspitzmaus ist das Alpengebiet. Außerdem lebt sie allerdings auch in den Pyrenäen, im Harz, Schwarzwald, Riesengebirge, Gesenke, Böhmerwald, im Bayrischen Wald, Fichtelgebirge, im Gebiet des Böhmisch-Mährischen Höhenzuges sowie in den Beskiden, Karpaten und in vielen Gebirgszügen des Balkans. An der oberen Grenze der letzteren treffen wir die Alpenspitzmaus allerdings nur noch recht selten an. Andererseits steigt sie mitunter auch in niedrigere Lagen, bis etwa 400 m, herab. Sie bevorzugt kühle, schattige Orte, z. B. Dickungen an Sturzbächen und Quellen, und hält sich gern in moosbewachsenen Gesteinsspalten auf. Allerdings ist sie nicht so stark vom Wasser abhängig wie die Wasserspitzmaus. Die roten Spitzen der 32 Zähne verraten die Zugehörigkeit zur Gattung der Rotzahnspitzmäuse. Sonst ist sie leicht durch die schwarzbraune Färbung, den langen, an der Unterseite weißen Schwanz und die hellen Beine zu erkennen.

Falls uns ein Schädelskelett zur Verfügung steht, ist die Alpenspitzmaus leicht nach dem ersten Backenzahn im Unterkiefer zu bestimmen. Dieser hat zwei Spitzen, während er bei Wald- und Zwergspitzmaus nur eine einzige Spitze hat. Die Kopfrumpflänge der Alpenspitzmaus beträgt 62 bis 88 mm, der Schwanz mißt 60 bis 75 mm, und der Hinterfuß ist 14 bis 16 mm lang.

Das Weibchen wirft ein- bis zweimal jährlich etwa 5 Junge. Das Nest legt sie in alten, verlassenen Löchern der Nagetiere oder zwischen Steinen an, allerdings wurden auch schon oberirdische Nester in dichtem Gras in einer Höhe von 10 bis 20 cm festgestellt. Über die Fortpflanzung der Alpenspitzmaus ist bisher nur recht wenig bekannt.

Gebißform

Wasserspitzmaus

Neomys fodiens

In der Ordnung der Insektenfresser haben sich auch Arten entwickelt, deren Körperbau dem Leben im Wasser angepaßt ist.
Zu ihnen gehört die Wasserspitzmaus. Ihre Kopfrumpflänge beträgt 72 bis 96 mm, der Schwanz ist 47 bis 77 mm lang, der Hinterfuß mißt 16 bis 22 mm. Der Schädel eines erwachsenen Tieres
erreicht 19,6 bis 22,4 mm. Das Gebiß der Wasserspitzmäuse ist
mit 30 an den Spitzen rot pigmentierten Zähnen versehen. Das
Fell der Wasserspitzmaus ist schwarzgrau bis schwarz, an der
Unterseite silberweiß oder gelblich. Die Anpassung an das Wasserleben geht aus einer Reihe charakteristischer Merkmale hervor. Der feine, samtweiche Pelz ist dicht und gut eingefettet, so
daß er praktisch wasserundurchlässig ist.

Die verhältnismäßig breiten Hinterfüße haben seitlich einen
Schwimmborstensaum. Ein ähnlicher Steifborstenkamm befindet
sich auf der Schwanzunterseite, wodurch der Schwanz die Funktion eines Steuers übernimmt. Die Wasserspitzmaus taucht gut
und kann sich auch längere Zeit unter Wasser aufhalten.

In Europa fehlt die Wasserspitzmaus nur in Spanien, Irland
und auf den Mittelmeerinseln, in Asien reicht ihr Verbreitungsgebiet bis zum Fernen Osten, immer nördlich des Steppengürtels.
Sie lebt an Flußufern und baut dort ihr Nest. Mitunter scharrt sie
in weichen Böden auch eigene Röhren. Sie vermehrt sich die
ganze warme Jahreszeit über und wirft zwei- bis dreimal jährlich
2 bis 9 Junge. Diese werden fast einen ganzen Monat lang gesäugt.
Gegen Ende dieser Zeit nehmen sie nebenbei auch schon die Nahrung der erwachsenen Tiere zu sich. Die Wasserspitzmäuse ernähren sich von niederen Wassertieren, hauptsächlich Insekten. Sie
fangen aber auch kleine Fische. Ebenso wie andere Spitzmausar-
ten leben sie kaum bis zum zweiten Winter und sterben in der Regel im Alter von eineinhalb Jahren.

Gebißform

Sumpfspitzmaus

Neomys anomalus *Soricidae*

Die Sumpfspitzmaus ähnelt stark der Wasserspitzmaus, bei genauer Beobachtung sind aber einige Unterschiede zu erkennen. Bei der Sumpfspitzmaus sind die Schwimmborstensäume der Hinterbeine wesentlich schwächer entwickelt, der Schwanz ist nicht so sehr verflacht, und auch der Steifborstenkiel ist schwächer. Daraus geht hervor, daß die Sumpfspitzmaus nicht so sehr dem Wasserleben angepaßt ist wie ihre größere Verwandte. Zwar sucht auch sie mit Vorliebe feuchte Dickungen auf, ist jedoch nicht so eng an Bäche oder stehende Wasser gebunden wie die Wasserspitzmaus. Mitunter lebt sie auch recht weit entfernt vom freien Wasser. Ihr liebster Aufenthalt sind Sümpfe, wo sie auch in größeren Mengen vorkommt.

Der Verbreitungsraum der Sumpfspitzmaus ist nicht geschlossen. Sie lebt in Mittel- und Südeuropa sowie in Kleinasien und steigt auch hoch ins Gebirge — in Mitteleuropa bis zu 2000 m. In Nordeuropa kommt sie nicht vor.

Die Färbung der Sumpfspitzmaus ist ähnlich wie die der Wasserspitzmaus mit dem Unterschied, daß das Fell auf der Oberseite einen silbrigen Anflug hat, und die Unterseite stets silberweiß ist. Die Kopfrumpflänge beträgt 67 bis 87 mm, der Hinterfuß ist stets kürzer als bei der Wasserspitzmaus, 14 bis 15,5 mm.

Über die Biologie dieses Säugers wissen wir bisher nur recht wenig. Seine Nester sind unterirdisch, in Sümpfen baut er jedoch oberirdische, kugelförmige Nester. Das Weibchen wirft 5 bis 6 Junge, wahrscheinlich nur zweimal im Jahr.

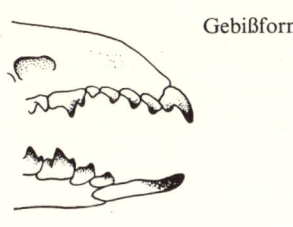

Gebißform

Feldspitzmaus

Crocidura leucodon

Die Weißzahnspitzmäuse unterscheiden sich von den Rotzahn-
und Wasserspitzmäusen vor allem durch ihre völlig weißen Zähne. Die Gattung der Weißzahnspitzmäuse unterscheidet sich
aber stets durch die Anzahl der Zähne. Während die Rotzahnspitzmäuse 32 und die Wasserspitzmäuse 30 Zähne haben, besteht das Gebiß der Weißzahnspitzmäuse aus 28 Zähnen. Das verläßlichste Unterscheidungsmerkmal ist allerdings die Schwanz-
behaarung, die außer den normalen Grannen noch einzeln stehende lange, helle Wimperhaare aufweist.

Die Kopfrumpflänge der Feldspitzmaus beträgt 67 bis 90 mm,
der Schwanz mißt 30 bis 40 mm. Der Hinterfuß hat 12 bis 13 mm
und die Condylobasallänge des Schädels erreicht 18 bis 20 mm.
Die Oberseite ist grau- bis schokoladenbraun, die Unterseite
grauweiß bis weiß, wobei die Färbung der Ober- und Unterseite
an den Flanken scharf abgesetzt ist.

Die Feldspitzmaus ist in West- und Südeuropa, mit Ausnahme
von England, Spanien und Süditalien, verbreitet. Weiter reicht
ihr Verbreitungsgebiet über den Kaukasus, den Iran sowie Kasachstan und Turkestan bis nach Mittelsibirien. In Europa geht
es im Norden bis zum 53. Grad nörd. Breite.

Im allgemeinen ist sie ein Bewohner tieferer Lagen. Zum Unterschied von den Rotzahnspitzmäusen bevorzugt sie trockene Stellen. Im Winter ziehen sich die Feldspitzmäuse zu Strohschobern
und menschlichen Ansiedlungen, oft treffen wir sie auch in Haus-
kellern an. Sie ernähren sich ebenso wie andere Spitzmäuse.

Die Fortpflanzung erfolgt vom Frühjahr bis zum Herbst. Das
Weibchen wirft nach einer Tragzeit von 31 bis 33 Tagen 3 bis 9
Junge, die erst am dreizehnten Tag sehend werden und nach etwa
vierzig Tagen größenmäßig den Eltern gleichen. Die Feldspitzmaus führt ein Nacht- und Dämmerungsleben.

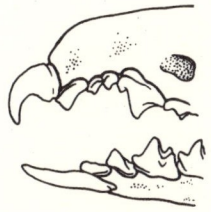

Gebißform

Gartenspitzmaus

Crocidura suaveolens

Die Gartenspitzmaus ist unverkennbar kleiner als die Feldspitzmaus; die Oberseite ist braungrau, die Unterseite hellgrau, mitunter gelblich. Die Kopfrumpflänge erreicht 50 bis 75 mm, der Schwanz entspricht etwa der halben Kopfrumpflänge. Der Hinterfuß hat 10 bis 12 mm, die Condylobasallänge des Schädels beträgt 16 bis 18 mm. Die Gartenspitzmaus lebt in West-, Süd- und Osteuropa, Asien und Afrika. Häufiger noch als die Feldspitzmaus lebt sie in der Nähe des Menschen. Die Lebensweise der Gartenspitzmaus unterscheidet sich nur wenig von der der Feldspitzmaus. Die Jungen verlassen das Nest schon nach 20 Tagen und werden rasch selbstständig. Als Nahrung dient der Gartenspitzmaus meist Kleingetier.

In der Biologie der Gartenspitzmaus wurde eine interessante Verhaltensweise festgestellt, die sonst bei keiner anderen Säugetiergattung vorkommt. Es sind die sogenannten Ketten oder Karavanen. Wenn sich die Nestlinge im Alter von 8 bis 20 Tagen außerhalb des Lagers befinden, dreht sich das Weibchen so um, daß sich eines der Jungen instinktiv mit den Zähnen an das Schwanzwurzelfell der Mutter anklammern kann. Die weiteren Jungen halten sich dann in gleicher Weise an ihren Geschwistern fest, und so entsteht eine Kette aneinandergeklammerter Tiere, die die Mutter leicht in die schützende Sicherheit des Nestes zurückführen kann. Eine solche Kette läßt selbst dann nicht nach, wenn man die Mutter mitsamt allen Jungen hochhebt. Mitunter verklammern sich die Jungen auch zu einer Doppelreihe. Wahrscheinlich ist der Grund für diese Verhaltensweise in der Tatsache zu suchen, daß die Jungen der Gartenspitzmaus sehr schlecht sehen und selbst kaum den Rückweg ins Nest finden würden.

Gebißform

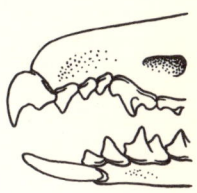

Hausspitzmaus

Crocidura russula

Über Biologie und Verbreitungsgebiet der Hausspitzmaus fehlt es an Angaben. Sie kommt laufend in Westeuropa vor, im Osten bis etwa zum Erzgebirge und zur Elbe. Dennoch finden wir in älteren Quellen Angaben über das Vorkommen der Hausspitzmaus in der Tschechoslowakei und in Ungarn. Es ist jedoch erwiesen, daß es sich um Verwechslungen mit anderen Weißzahnspitzmäusen handelt. Ansonsten kommt sie noch im Mittelmeergebiet, in Nordafrika, Kleinasien sowie in Mittelasien bis nach Japan vor. In Westeuropa lebt sie an ähnlichen Stellen wie die Feldspitzmaus, also an Waldrändern, in Gärten, Schlupfgebüschen, an Wasserläufen, auf Wiesen und Feldfluren. Sie ist auch verhältnismäßig hoch im Gebirge anzutreffen, in den Alpen bis zu 1600 m.

Größenmäßig gleicht die Hausspitzmaus der Feldspitzmaus, die Unterseite ist gelbgrau oder grauweiß, auf keinen Fall aber weiß. Das Braungrau der Oberseite geht in die lichte Unterseite allmählich über, ist also nicht scharf abgesetzt. Die Kopfrumpflänge beträgt 60 bis 85 mm, der Schwanz mißt 30 bis 46 mm, der Hinterfuß hat 12 bis 14 mm, die Condylobasallänge erreicht 18 bis 20 mm.

Im Laufe des Jahres wirft die Hausspitzmaus zwei- bis viermal 3 bis 7 Junge. Die Tragzeit beträgt 28 bis 31 Tage. Die Hausspitzmaus lebt oft auch in menschlichen Behausungen und soll sich dort auch während der Wintermonate vermehren. Ebenso wie bei anderen Weißzahnspitzmäusen bilden die Jungen mit der Mutter manchmal Ketten.

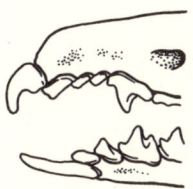

Gebißform

Etruskerspitzmaus

Suncus etruscus

Die Etruskerspitzmaus gehört systematisch zu einer anderen Gattung als die übrigen weißzähnigen Spitzmäuse Europas, weil ihr Gebiß eine andere Zahnformel aufweist, nämlich 30 statt 28 Zähne. Die Etruskerspitzmaus ist das kleinste Säugetier überhaupt. Die Kopfrumpflänge beträgt 34 bis 48 mm, der Schwanz ist 22 bis 31 mm lang, die Hinterfüße 6,8 bis 8,1 mm. Die Condylobasallänge beträgt nur 12,0 bis 12,6 mm. Das Gesamtgewicht der Etruskerspitzmaus entspricht 1,2 bis 1,8 g. Der Schwanz ist ähnlich wie bei den Weißzahnspitzmäusen mit langen Wimperhaaren besetzt. Sie sind steif, geradlinig, mit Wurzelnerven versehen und dienen als Tastwerkzeug. Das Fell ist oberseitig gelbbraun oder braungrau, die Unterseite ist grauweiß, so daß der Eindruck der Einfarbigkeit entsteht. Die Etruskerspitzmaus ist nur sehr wenig bekannt, und wir finden ihre Knochenüberreste eher im Eulengewölle, als daß es gelingen würde, sie in freier Natur einzufangen.

Bisher wurde die Etruskerspitzmaus in Europa nur in den Mittelmeerländern, also in Spanien, Südfrankreich, Italien, Griechenland, Jugoslawien und auf einigen Mittelmeerinseln nachgewiesen. Ihr Verbreitungsgebiet ist allerdings wesentlich größer, da sie in Vorder- und Mittelasien, Indien, China, auf der Malaiischen Halbinsel und in Japan ebenso wie in Afrika vorkommt.

Die Etruskerspitzmaus lebt in warmen Gegenden und hält sich besonders an feuchten, schattigen Stellen auf, mit Vorliebe an Quellen oder Wasserläufen, wo sie im Gewirr der Pflanzen unterhalb der Baumstrünke und Wurzeln genügend Nahrung und Schlupfwinkel findet. Auch im Schilf am Meeresstrand wurde sie schon gefangen.

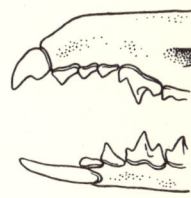

Gebißform

Große Hufeisennase

Rhinolophus ferrum-equinum

Rhinolophidae

Die Hufeisennasen bilden eine selbständige Gruppe innerhalb der Unterordnung der Fledermäuse *(Microchiroptera).* Sie unterscheiden sich von den übrigen Fledermäusen durch einen besonderen häutigen Nasenaufsatz auf dem Schnauzenrücken. Das Gebiß besteht aus 32 Zähnen.

Die größte der europäischen Hufeisennasen ist die Große Hufeisennase. An der Oberseite ist sie graubraun oder schokoladefarben, die Unterseite ist grauweiß oder gelblich. Die Kopfrumpflänge beträgt 59 bis 79,5 mm, der Schwanz mißt 60 mm, der Unterarm 54 bis 60 mm. Die Condylobasallänge des Schädels bewegt sich zwischen 20 und 22 mm. Die Große Hufeisennase ist ein Berg- und Waldbewohner. Im Sommer hält sie sich auf Dachböden alter Gebäude, in altem Gemäuer und oft auch in Höhlen auf. Den Winter über schläft sie in Höhlen, Stollen oder Kellern, frei an der Decke hängend und fast vollkommen in die Flughaut eingehüllt. Ihr Verbreitungsraum erstreckt sich über die gemäßigten Gebiete Südeuropas, einschließlich Südenglands, sowie über Asien bis Japan und Nordwestafrika.

Die Weibchen schließen sich in der Vermehrungszeit zu kopfreichen Wochenstubengemeinschaften zusammen. Es sind allerdings nicht ausschließlich weibliche Kolonien wie bei der Mehrzahl unserer einheimischen Fledermäuse. Immerhin befinden sich in diesen Sommergemeinschaften noch genug Männchen, etwa 20 bis 30 %. Im Mai und Juni kommen die Jungen zur Welt, Ende September ziehen die Großen Hufeisennasen in ihre Winterquartiere.

Ende März und Anfang April erwachen sie aus dem Winterschlaf und ziehen wieder in ihre Sommerquartiere. Beim Umzug aus den Sommer- in die Winterquartiere legen sie Entfernungen von einigen zehn Kilometern zurück. Die Großen Hufeisennasen jagen vornehmlich Nachtfalter, Zweiflügler und Käfer.

Kopfdetail

Langohrfledermaus

Plecotus auritus   *Vespertilionidae*

Diese verhältnismäßig kleine Fledermausart überrascht durch die Größe ihrer Ohrmuscheln. In Ruhestellung hat sie die Ohren unter der Flughaut versteckt, so daß nur die Ohrdeckel herausragen. Noch vor wenigen Jahren wurde angenommen, daß es in Europa nur eine Art Ohrenfledermäuse gebe. Es hat sich jedoch gezeigt, daß es eigentlich zwei verschiedene, sehr ähnliche Arten sind. Beide haben 36 Zähne. Die neuentdeckte Art wurde Österreichische Langohrfledermaus *(Plecotus austriacus)* benannt.

Die Langohrfledermaus ist seltener und kommt hauptsächlich in höheren Lagen vor. Die Oberseite ist braungrau bis braungelb, die Unterseite weißlich mit braungelbem Anflug. Im allgemeinen ist sie etwas heller als die Österreichische Langohrfledermaus. Der Unterarm mißt bei den Männchen 35,5 bis 41,5 mm, bei den Weibchen 37 bis 41,2 mm. Die Condylobasallänge des Schädels ist kürzer als bei der Österreichischen Langohrfledermaus, 14,3 bis 15,8 mm.

Über das Verbreitungsgebiet der Langohrfledermaus bestehen bislang Unklarheiten. Sie lebt in England, Nordspanien, in Frankreich, den Niederlanden, in Belgien, der DDR, der BRD, in Skandinavien, und ihr Verbreitungsgebiet reicht im Süden bis nach Norditalien und in die Gebirgsgegenden Bulgariens, weiter über den mittleren Teil der UdSSR bis in die Mongolei, die Mandschurei und nach Japan. Die Weibchen schließen sich im Sommer zu kleinen Wochenstubengemeinschaften zusammen, die Männchen führen ein Einsiedlerleben. Die Winterquartiere beziehen sie Ende Oktober, Anfang November. Ende März, Anfang April erwachen sie aus dem Winterschlaf und ziehen in die Sommerquartiere um. Es wurde festgestellt, daß die Langohrfledermäuse ein Alter bis zu 20 Jahren erreichen.

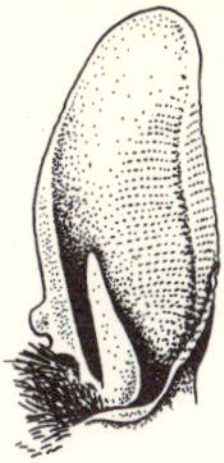

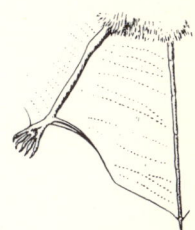

Ohrmuschelform

Schwanzflughaut

Großes Mausohr

Myotis myotis *Vespertilionidae*

Das Großmausohr gehört zur Familie der Glattnasen, die keinen Nasenaufsatz besitzen. Je nach der Gattung haben die Fledermäuse dieser Familie 32 bis 38 Zähne. Nach der unterschiedlichen Zahnformel wird die Familie der Glattnasen in einige Gruppen eingeteilt.

Das Große Mausohr ist die größte und zugleich häufigste Fledermausart. An der Oberseite ist sie graubraun, die Unterseite ist hellgrau. Die Flughäute sind ebenfalls graubraun. Der letzte Schwanzwirbel überragt die Flughaut um etwa 3 mm. Die Kopfrumpflänge beträgt 61 bis 79 mm, der Unterarm ist 50 bis 67 mm lang, der Schwanz 51,5 bis 63,2 mm und die Condylobasallänge erreicht 21 bis 24 mm.

Das Große Mausohr kommt in Nordafrika sowie in einem großen Teil von Europa vor. Wir begegnen ihm ebenso in den Bergen wie in der Niederung. Sie schließen sich zu kopfreichen Kolonien bis zu 1000 Tieren zusammen. Im Sommer bilden die Weibchen eigene Wochenstubengemeinschaften und widmen sich der Aufzucht der Nachkommenschaft. Den Winter verbringen jedoch beide Geschlechter gemeinsam in Höhlen, Stollen oder Kellern, manchmal dicht zusammengedrängt. Unter den Tieren bildet sich dann eine hohe Guanoschicht, die ein ausgezeichnetes Düngemittel abgibt. Die Weibchen werfen nur ein Junges, das in der ersten Zeit an die Mutter angeklammert lebt. Nach 45 Tagen kann es schon selbständig fliegen.

Das Große Mausohr fängt im Fluge auch größere Insekten, wie etwa Maikäfer.

Die Winterquartiere können von den Sommerquartieren recht weit entfernt sein. Ihren Winterquartieren bleiben die Großmausohren treu und kehren jedes Jahr wieder in dieselben zurück.

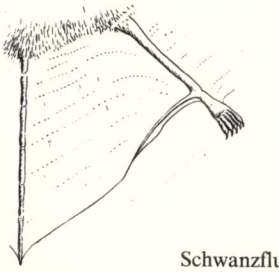

Schwanzflughaut

Mopsfledermaus

Barbastella barbastellus

Die Mopsfledermaus ist auf den ersten Blick an den an der Basis der Innenseite miteinander verwachsenen Ohren zu erkennen. Es ist eine kleine Fledermausart mit weichem, fast schwarzem Fell mit silbrigem Anflug. Sie hat verhältnismäßig schmale Flügel und eine kleine Schnauze, so daß sie sich nur von kleinen Insekten ernähren kann. Die Kopfrumpflänge beträgt 42 bis 51,2 mm, der Schwanz ist 42 bis 49 mm und der Unterarm 37 bis 41,5 mm lang. Condylobasallänge des Schädels erreicht 13 bis 13,7 mm.

Die Mopsfledermaus lebt in Europa, in nördlicher Richtung bis gegen England und Südskandinavien, im Osten bis Transbaikalien. Sie ist eine häufig vorkommende Art und bevorzugt waldreiche Höhenlagen. Im Sommer hält sie sich in Bäumen oder Gebäuden versteckt, im Winter in Höhlen und Stollen. Im Unterschied zu anderen Fledermausarten überwintert sie niemals in feuchten unterirdischen Räumen. Sie sucht immer nur trockene Plätze auf und überwintert in Spalten verkrochen oder freihängend an Decken und Wänden. Mitunter bilden die Mopsfledermäuse individuenreiche Gemeinschaften, doch oft finden wir in den winterlichen Verstecken nur einzelne Tiere. Die Mopsfledermaus überwintert in der Nähe der Höhleneingänge, da sie gegen niedrige Temperaturen äußert widerstandsfähig ist. Das beweist der Fall einer festgestellten Überwinterung in einem Raum mit —14⁰ C.

Die Weibchen werfen Junge erst im Juli und August, also zu einer Zeit, in der die Jungen anderer Fledermausarten schon flügge sind. Die Mopsfledermaus jagt ihre Beute am Waldrand, in Alleen und Parkanlagen und fliegt nur ungern über größere, freie Flächen. In den Winterschlaf verfällt sie erst spät, so daß es keine seltene Erscheinung ist, wenn wir sie noch im November beim Beuteflug antreffen.

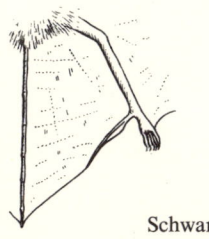

Schwanzflughaut

Zwergfledermaus

Pipistrellus pipistrellus   *Vespertilionidae*

Die Zwergfledermaus gehört zu den kleinsten Arten. Die Oberseite ist dunkelbraun, die Unterseite ein wenig heller. Die Flughäute und die verhältnismäßig kleinen Ohrmuscheln sind sehr dunkel, fast schwarz. Die Schwanzflughaut überragt nur das letzte Schwanzglied. Die Kopfrumpflänge der Zwergfledermaus beträgt 33,5 bis 48 mm, die Schwanzlänge 26 bis 36 mm; der Unterarm mißt 29 bis 33,5 mm, die Condylobasallänge des Schädels erreicht nur 11 bis 12 mm.

Das Vorkommensgebiet dieser Art erstreckt sich über Europa und Asien mit Ausnahme der nördlichen Teile sowie Nordwestafrika. Die Zwergfledermaus lebt häufig in niedrigen Lagen, mitunter steigt sie auch in mittlere Gebirgslagen empor. Sie überwintert an geschützten Stellen in Gebäuden, Höhlen und Kellern. Im Sommer hält sie sich in hohlen Bäumen, Nistkästen, in Holzbauritzen oder unter der Baumrinde versteckt. Manche Gemeinschaften der Zwergfledermäuse zählen bis zu 2000 Tiere. Sie fliegen geschickt und schnell, in der Regel in einer Höhe von 15 bis 20 m. Die Weibchen werfen einmal im Jahr — im Mai und Juli — 2, in seltenen Fällen auch 1 oder 3 Junge, die bereits im Alter von 2 Monaten selbständig sind.

Der Winterschlaf der Zwergfledermaus ist etwas kürzer als bei anderen Fledermäusen. Bei günstiger Witterung fliegen sie auch mitten im Winter und am Tage auf Jagd aus.

Die Beringung dieser Fledermäuse hat gezeigt, daß sie regelmäßig in ihre Winterquartiere zurückkehren und dabei mitunter auch in großen Gemeinschaften recht weite Wege zurücklegen. Eine in der Südukraine beringte Zwergfledermaus legte eine Entfernung von 1150 km nach Südbulgarien zurück, was bei Fledermäusen als eine einzigartige Leistung anzusprechen ist.

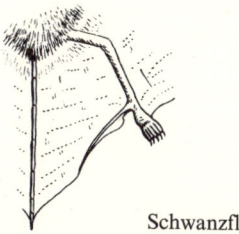
Schwanzflughaut

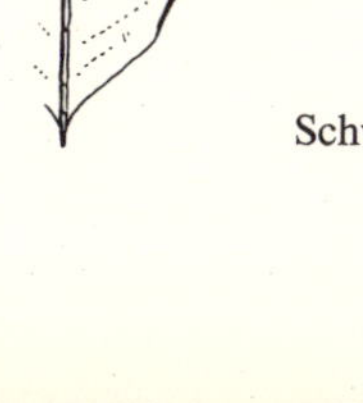

Breitflügelfledermaus

Eptesicus serotinus

Vespertilionidae

Die Breitflügelfledermaus gehört zu den größeren Arten mit einer auffallenden Spannweite. Die Oberseite ist dunkelbraun, die Unterseite hellbraun. Ohrmuscheln und Flughäute sind sehr dunkel. Die Ohrmuscheln sind nur ganz wenig länger als breit. Das Schwanzende überragt die Schwanzflughaut um 5 bis 7 mm. Die Kopfrumpflänge beträgt 64 bis 78 mm, der Schwanz mißt 44 bis 57 mm, der Unterarm 48 bis 56,3 mm und die Condylobasallänge des Schädels 18,4 bis 20,5 mm.

Das Verbreitungsgebiet der Breitflügelfledermaus umfaßt Europa — im Westen bis Dänemark und Südengland — Asien und Nordwestafrika. Die Breitflügelfledermaus gehört zu den allgemeinsten Fledermausarten und hält sich im Sommer meist auf Dachböden, in Mauerspalten oder unterhalb der Dachziegel versteckt. Im Winter finden wir die Breitflügelfledermaus in Kammern, seltener in Höhlen und hohlen Bäumen, meist nicht allzuweit entfernt vom Sommerquartier. Die Breitflügelfledermaus hat breite, am Ende abgestumpfte Flügel, was sich auch in ihrer Flugfähigkeit äußert. Sie fliegt ungeschickt und nur in geringer Höhe über der Erde. Ihr Tagesversteck verläßt sie erst spät in der Dämmerung. Im Mai und Juni schließen sich die Weibchen zu Wochenstubengemeinschaften zusammen, die meist nur einige 10 Tiere zählen. Es fehlen aber auch nicht Berichte über Kolonien von einigen 100 Stück. Die Weibchen werfen 2 Junge, selten auch nur ein. Sowie sich die Jungtiere selbständig machen, löst sich der Wochenstubenzusammenhalt auf, Männchen und Weibchen leben dann in gemischten Gemeinschaften.

Die Breitflügelfledermaus läßt sich verhältnismäßig einfach in der Gefangenschaft halten und ist ein ruhiger und anspruchsloser Pflegling.

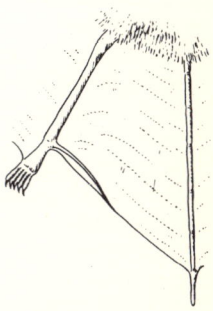

Schwanzflughaut

Großer Abendsegler

Glattnase

Nyctalus noctula

Vespertilionidae

Der Abendsegler gehört zu den großen Fledermausarten. An der Oberseite ist er fuchsrot oder braungelb, die Unterseite ist etwas heller. Das Fell ist kurz, dicht und glänzend, die Flügel sind auffallend schmal und lang, und der Kopf ist rund und kurz wie bei einer Bulldogge. Die Ohrmuscheln stehen weit auseinander.

Die Kopfrumpflänge entspricht 61,5 bis 80 mm, der Schwanz ist 43 bis 53 mm und der Unterarm 50,5 bis 56,5 lang. Die Condylobasallänge des Schädels beträgt 17,4 bis 19,4 mm.

Der Große Abendsegler kommt fast in ganz Europa und Asien, mit Ausnahme der nördlichsten Teile, vor. Er lebt auch auf den Malaiischen Inseln. Der Abendsegler bevorzugt Parklandschaften mit hohen Bäumen. Wo es keine natürlichen Schlupfwinkel gibt, begnügt er sich auch mit Dachböden höherer Gebäude. Die Sommerkolonien bilden in der Regel 20 bis 30 Tiere, in den Winterquartieren finden wir einige 100 beisammen.

Der Abendsegler fliegt sehr gewandt, schnell und hoch. Auf Jagd begibt er sich noch bei Tage, und wir können ihn oft hoch über den Schwalben umherfliegen sehen. Beringungen zeigten, daß der Abendsegler große Reisen unternimmt. So wurde ein am 21. August 1949 in Riga in der UdSSR beringter Abendsegler noch im gleichen Jahr in Nordböhmen bei Česká Lípa gefunden. Zahlreiche Beobachtungen des Abendseglerzuges an witterungsgünstigen Herbsttagen lassen vermuten, daß sich die Abendsegler regelmäßig auf die Reise nach den Winterquartieren begeben.

Die Paarung der Abendsegler erfolgt entweder im Herbst oder im Frühjahr. Die Weibchen werfen im Mai bis Juni 1 bis 2 Junge, in der Gemeinschaft der anderen Weibchen. Die Jungen werden erst am sechsten oder siebenten Tag sehend und unternehmen in der fünften Woche bereits selbständige Flüge.

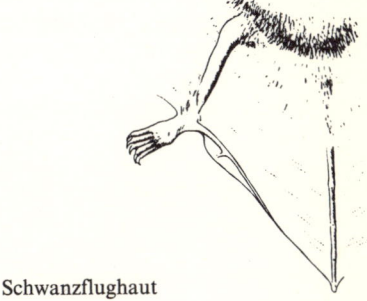

Schwanzflughaut

Feldhase

Lepus europaeus

Die Kopfrumpflänge des Feldhasen bewegt sich zwischen 60 und 70 cm, der Schwanz mißt nur 8 bis 10 cm, das Gewicht schwankt zwischen 3 und 6,5 kg. Das Fell ist zimtfarben, die Unterseite heller, der Bauch weiß. Die Enden der langen Ohren sind schwarz. Die Hinterbeine sind wesentlich länger und kräftiger als die Vorderbeine. Darum bewegt sich der Hase nicht schrittweise, sondern hoppelnd vorwärts.

Der Hase lebt nicht in Gemeinschaften; nur während der Rammelzeit gesellen sich die Rammler zu den Häsinnen und führen dann auch wohl verschiedentlich Liebeskämpfe aus. Der Hase ist ortstreu und kennzeichnet sein Revier dauernd.

Die ursprüngliche Heimat des Feldhasen ist Europa, mit Ausnahme von Irland und der Pyrenäenhalbinsel. Sein Verbreitungsgebiet erstreckt sich bis zum Ural, nach Mittel- und Kleinasien sowie nach Ost- und Südafrika. In Asien dringt er immer weiter nach Osten vor, und mit der sich ausweitenden Urbarmachung, auch nach dem Norden. Als beliebtes Jagdtier wurde der Hase auch in Australien, auf Neuseeland und an einigen Stellen in Amerika künstlich eingebürgert. Der Hase kommt überall, mit Ausnahme der höchsten Gebirgslagen und tiefer Fichtenwälder, vor.

Der Feldhase hat eine sehr hohe Vermehrungsrate. Bei günstigen Witterungsverhältnissen sind bis zu 5 Würfe im Jahr mit je 2 bis 4 Jungen möglich. Im Unterschied zum Kaninchen kommen die Jungen sehend und behaart zur Welt. Die Häsin verbirgt sie nicht in einem Erdbau, sondern legt sie in eine offene, oberirdische Sasse.

Die Hasen sind Pflanzenfresser und ernähren sich von Grünfutter. Im Winter nehmen sie bei Nahrungsmangel auch mit der Rinde junger Bäume vorlieb.

Einwöchiges Jungtier

Schneehase

Lepus timidus   *Leporidae*

Der Schneehase ist mehr abgehärtet als sein Vetter, der Feldhase, obwohl beide sehr nahe Verwandte sind, und daher mitunter Kreuzungen beider Arten vorkommen. Der Schneehase mißt 44 bis 74 cm, wiegt 3 bis 5,5 kg und hat etwas kürzere Ohren als der Feldhase. Die Größe ist jedoch geographisch recht unterschiedlich. Das Sommerfell ist braun, braungrau oder ockerbraun, das Winterkleid reinweiß, nur die Ohrenden bleiben schwarz. Der Schwanz der Schneehasen ist kurz, abgerundet und an der Oberseite im Sommer grau. In einigen Gegenden wechselt nur ein Teil der Fortpflanzungsgemeinschaft die Farbe.

Der Schneehase lebt in Nordeuropa und in Nordasien, wo sich die Grenze seines Verbreitungsgebietes immer mehr nach dem Süden verschiebt sowie in Nordamerika. In Europa hat er sich als Glazialrelikt in den Alpen erhalten. Infolge geographischer Isolierung hat sich hier eine besondere Rasse entwickelt, ähnlich wie in England und Irland. Die Häsin setzt zweimal — in Asien sogar dreimal — im Jahr in einer strauchgeschützten Bodengrube 5 bis 8 Junge und verhält sich ebenso wie die Feldhasenmutter. Die Populationsdichte ist starken Schwankungen unterworfen. Mitunter wimmelt die gesamte Gegend von Schneehasen, und dann ist es wieder, als wären sie ausgestorben. In den nördlichen Taigagebieten Sibiriens wiederholen sich die Massenvermehrungen alle 8 bis 12 Jahre, in den Wäldern des europäischen Teils der UdSSR alle 4 bis 9 Jahre. Der Schneehase ernährt sich von verschiedenen Kräutern, doch ist der Baumrindenanteil an seiner Kost größer als beim Feldhasen. In den Alpen lebt der Schneehase von der oberen Waldgrenze bis in etwa 3000 m Höhe, im Winter steigt er jedoch etwas tiefer herab.

Wildkaninchen

Oryctolagus cuniculus

Leporidae

Das Wildkaninchen unterscheidet sich von den Hasen durch eine ganze Reihe wesentlicher Merkmale, vor allem jedoch durch seine unterschiedliche Größe. Es mißt 40 bis 50 cm, der kurze Schwanz hat nur 5 bis 7 cm. Ein erwachsenes Wildkaninchen wiegt 1,5 bis 2 kg. Es hat verhältnismäßig kurze Ohren ohne schwarzen Endsaum, der Leib ist gedrungener und die Läufe sind kürzer. Auch die Färbung ist etwas anders als beim Feldhasen, mehr grau, ohne rötlichen Anflug. Die Unterseite ist grauweiß, und auch im Lauf ist das Wildkaninchen durch die reinweiße Unterseite des Schwanzes gut zu unterscheiden. Das Kaninchen gräbt zum Unterschied vom Feldhasen Erdbaue und hat darum auch mächtigere Vordergliedmaßen.

Ursprünglich war das Wildkaninchen nur in einem beschränkten Gebiet Spaniens, auf den Balearen und in den Atlasländern zu Hause. Der Mensch verbreitete das Kaninchen als Haustier, das jedoch oft entwich und in freier Natur verwilderte. So verbreitete sich das Wildkaninchen in einem großen Teil West- und Mitteleuropas.

Das Wildkaninchen wurde auch an anderen Stellen und in anderen Erdteilen ausgesetzt, vornehmlich in Australien, wo es praktisch keine natürlichen Feinde hatte. Die Vermehrungsrate des Wildkaninchens ist erstaunlich. In Mitteleuropa erfolgen jährlich 3 bis 5 Würfe mit je 6, 8 und sogar 12 Jungen. Diese werden in besonderen Bauen gelegt, meist in Dickungen am Waldrand. Am Ende der Röhre befindet sich die eiförmige, mit ausgezupfter Bauchwolle ausgepolsterte Nisthöhle. Die Jungen sind bis zum zehnten Tag blind. Beim Verlassen dichtet die Mutter den Nestbau ab und verscharrt den Eingang.

In der Umgebung seiner Baue äst das Kaninchen alle erreichbaren Pflanzen ab.

Einwöchiges Jungtier

Flughörnchen

Pteromys volans

Das Flughörnchen ist das einzige europäische Nagetier, dem eine einfache Anpassung den Gleitflug ermöglicht hat. Zwischen Vorder- und Hinterbeinen befindet sich nämlich eine behaarte Flughaut, die bei Baum-Baum- oder Baum-Erde-Sprüngen durch Spreizen der Gliedmaßen gemeinsam mit dem buschigen Schwanz die Sturzgeschwindigkeit mindert.

Größenmäßig gleicht das Flughörnchen einem Bilch. Die großen Augen verraten, daß es ein Nacht- bzw. Dämmerungstier ist. Die Oberseite ist aschgrau mit braunem Anflug. Das Winterkleid ist an der Oberseite silbrig getönt, die Unterseite ist völlig silberweiß. Die Kopfrumpflänge beträgt 135 bis 205 mm, der dicht behaarte Schwanz mißt 90 bis 140 mm, der Hinterfuß 30 bis 39 mm, die pinsellosen Ohren haben 15 bis 21 mm, die Condylobasallänge erreicht 37 mm.

Das Flughörnchen ist ein typisches Baumtier. In den Zweigen bewegt es sich erstaunlich behend, zu ebener Erde wirkt es recht ungeschickt. Es lebt in den zusammenhängenden Waldgebieten des Nordens und Sibiriens, hauptsächlich in Mischwäldern mit genügend viel Erlen und Birken, deren Samen es bevorzugt. Tagsüber hält es sich in hohlen Bäumen versteckt, wo es auch seine Kinderstuben baut. Sie sind sehr empfindlich gegen Umweltveränderungen, bei menschlichen Eingriffen, z. B. beim Fällen alter Bäume, verschwinden die Flughörnchen sofort. Deshalb verschiebt sich wahrscheinlich auch die Grenze ihres Vorkommensgebietes in Nordosteuropa immer mehr ostwärts.

Flughörnchen werfen zweimal jährlich Junge, im Frühjahr und im Herbst. Die Tragzeit beträgt etwa 5 Wochen, die Wurfgröße schwankt zwischen 2 bis 6 Jungen. Im Herbst verfällt das Flughörnchen in geeigneten Baumhöhlen in den Winterschlaf.

Eichhörnchen

Sciurus vulgaris

Die meisten Nagetiere leben zu ebener Erde und errichten unterirdische Baue. Das Eichhörnchen ist hingegen gut dem Leben
in den Bäumen angepaßt. Ein langer buschiger Schwanz, Ohrenpinsel, eine bewunderungswürdige Geschicklichkeit beim Klettern in den Baumkronen, das sind die Eigenschaften, die dieses
Nagetier am besten charakterisieren. Mit seinen scharfen Krallen
kann es sich auch an der Rinde verhältnismäßig glatter Baum-
stämme bewegen, spielend hält es das Gleichgewicht auch auf den
dünnsten Zweigen und gewandt springt es von Ast zu Ast.

Eichhörnchen können fuchsrot, braun und auch schwarz sein.
Mitunter kommen auch dreifarbige Eichhörnchen vor. Sie sind
dann schwarz, braunrötlich und weiß.

Eichhörnchen ernähren sich überwiegend von pflanzlicher
Nahrung, wobei sich die Zusammensetzung jahreszeitbedingt
ändert. Am besten geht es ihnen im Herbst, wenn es überall genügend Früchte gibt. Im Winter ernährt sich das Eichhörnchen
von Waldbaumsamen. Zur Zeit der Not, vor allem im Vorfrüh-
ling, benagt es junge Triebe der Fichten und Kiefern. Bisweilen
nimmt das Eichhörnchen auch Fleisch als Zukost und läßt sich
auch Pilze schmecken. Bei Nahrungsüberfluß legt es Vorräte an.

In seinem Wohngebiet baut das Eichhörnchen einige kuglige
Kobel. Sie sind aus Zweigen, Halmen und Laub geflochten und
befinden sich hoch oben in den Baumkronen.

Die Vermehrung verläuft vom Frühjahr bis zum Herbst. Die
Eichkatze wirft ein- bis dreimal jährlich 3 bis 7 nackte und blinde
Junge, die erst nach 4 Wochen sehend werden. Die Eichhörnchen
halten keinen Winterschlaf und sind auch während der kalten
Jahreszeit recht rege.

Schädel von oben gesehen

Grauhörnchen

Sciurus carolinensis   *Sciuridae*

Die ursprüngliche Heimat des Grauhörnchens ist der Osten der
Vereinigten Staaten. Dennoch können wir es zu den europäischen
Säugetieren rechnen. Dieses ansprechende und nette Tier wurde
in der Zeit zwischen 1876 und 1929 einigemale in größeren Stück-
zahlen auf den Britischen Inseln ausgesetzt und besiedelte im
Laufe der Zeit die Waldgebiete von halb England und Schottland
sowie etwa ein Viertel von Irland. Ähnlich wurde es auch in Südafrika eingebürgert. In England wurde das Grauhörnchen zu
einem häufig vorkommenden Nagetier, doch es zeigte sich, daß
seine Einbürgerung kein allzu glückliches Unterfangen war.
Obwohl es in Parkanlagen und Gärten ein netter und zahmer Ge-
sellschafter des Menschen ist, richtet es durch Benagen der jungen
Triebe und Sprossen bei einer ganzen Reihe wirtschaftlich wichtiger Hölzer sowie durch Samenvertilgung beträchtliche Schäden an
Wald- und Feldkulturen an. Außerdem plündert es auch Vogelnester. Es verdrängt aus den Wäldern die ursprüngliche weiß-
schwänzige Farbform des Eichhörnchens. Mit Recht wird das
Grauhörnchen als schädliches Nagetier betrachtet, und die Bestände werden durch planmäßigen Abschuß sowie andere Maß-
nahmen reguliert.

Das Grauhörnchen ist etwas größer als das Eichhörnchen.
Seine Kopfrumpflänge beträgt 200 bis 250 mm, der Schwanz mißt
190 bis 200 mm. Das Körpergewicht bewegt sich zwischen 340
und 680 g. Die Unterseite sowohl des Sommer- als auch des
Winterkleides ist weiß. Die Oberseite ist im Winter grau mit einem
rosafarbenen Anflug, der Sommerbalg hingegen ist mehr braun.
An den Ohren befinden sich keine Pinsel.

Das Grauhörnchen baut ähnlich Kobel wie das Eichhörnchen
und wirft zweimal jährlich 1 bis 7 Junge.

Ziesel

Citellus citellus

Sciuridae

Der Ziesel ist ein naher Verwandter des Eichhörnchens, allerdings ein ausgesprochenes Bodennagetier. Er liebt warme Niederungen und mäßige Hügellandschaften, wo er sich dann an trockenen, steppenartigen Stellen sowie auf Feldfluren aufhält.

Die Oberseite ist sandgelbgrau mit unscharfen, hellen Flecken. Die Bauchseite ist einfarbig gelb. Der Schwanz ist verhältnismäßig kurz und bei weitem nicht so buschig wie beim Eichhörnchen. Er entspricht etwa einem Drittel der Körperlänge. Diese beträgt 19 bis 22 cm.

Der Ziesel lebt in Kolonien, und insbesondere in Jahren der Massenvermehrung finden wir Stellen, die von Zieselröhren dicht durchbohrt sind. Vor bewohnten Zieselbauen finden wir stets etwas Losung, die abgesetzt wird, bevor der Ziesel einschlieft. Hingegen finden wir kein Erdreich, weil der Ziesel die anfallende Erde in seinen Backentaschen in die Umgebung bringt und zerstreut. Jungtiere graben nur einfache, kurze Unterstände aus, ältere, fortpflanzungsreife Tiere verfügen hingegen über verzweigte Gänge mit Wohnhöhlen. Dort wirft das Weibchen, ein- bis zweimal im Jahr, 5 bis 8 Junge.

Der Ziesel ist vornehmlich Pflanzenfresser, seine Hauptnahrung bilden Samen, doch verschmäht er auch Grünpflanzen nicht. Als Zukost dienen ihm größere Insekten, Mäuse und sogar Jungvögel und Vogeleier.

Der Ziesel bewegt sich sehr rasch, wie zu Boden gedrückt.

Von den Steppen Ost- und Südosteuropas hat sich der Ziesel bis nach Böhmen, an die Westhänge des Erzgebirges verbreitet. Das ist auch sein westlichstes Vorkommensgebiet in Europa. In Asien reicht sein Areal hingegen bis in die Mongolei und nach Nordchina.

Alpenmurmeltier

Marmota marmota   *Sciuridae*

Das Alpenmurmeltier ist einem großen Ziesel sehr ähnlich. Erwachsene Exemplare erreichen eine Gesamtlänge von 70 bis 90 cm, wovon 13 bis 16 cm auf den Schwanz entfallen. Das kurze, anliegende Fell ist auf der Oberseite gelb- bis dunkelbraun, die Unterseite ist rostgelb. Das Murmeltier ist ein typischer Bergbewohner der Alpen, Karpaten und einiger Gebirgszüge Zentralasiens. Planmäßigen Hegemaßnahmen ist zu danken, daß die Murmeltiere zur Zeit in der Hohen und Niedrigen Tatra, im Schwarzwald, in den Pyrenäen sowie in einigen Teilen der Alpen leben, wo sie ursprünglich nicht vorkamen. Im Gebirge hält sich das Murmeltier an der Waldgrenze und in der Knieholzzone auf. An grasbewachsenen Stellen und zwischen Steinen bekommen wir das Murmeltier nur selten zu Gesicht, eher verrät es sich durch die weithin hörbaren Warnpfiffe.

Das Murmeltier versteht sich ausgezeichnet auf das Graben. In steinigen Böden höhlt es bis 19 m lange und 3 m tiefe Gänge.

Der Winterschlaf dauert länger als ein halbes Jahr. Vor Anbruch des Winters mästet sich jedes Murmeltier richtig feist und setzt unterhalb der Haut Fettreserven an. Um diese Zeit erreichen die Murmeltiere ein Körpergewicht bis zu 6 kg. Aus dem Winterschlaf erwachen sie erst im April und kommen dann abgemagert und schwach zum Vorschein, füttern sich jedoch rasch wieder dick. Ende Mai oder Anfang Juni setzt das Weibchen im Kessel 2 bis 6 blinde Junge. Das Murmeltier ist ein ausgesprochenes Tagtier, es liebt den Sonnenschein und verläßt bei Schlechtwetter kaum den Bau. Seine Sinne sind gut entwickelt, besonders der ungemein scharfe Gesichtssinn und das Gehör. Ähnlich wie der Ziesel nimmt es als Zukost auch tierische Nahrung zu sich. Erst im zweiten Lebensjahr ist das Murmeltier fortpflanzungsfähig. Bei günstigen Umweltbedingungen erreicht es ein Alter von 15 bis 18 Jahren.

Schädel von oben gesehen

Biber

Castor fiber

Der Biber ist ein stattliches, bis 1 m langes Nagetier. Sein Gewicht beträgt mitunter bis zu 30 kg. Er hat einen verhältnismäßig breiten Kopf und einen waagerecht abgeplatteten, an der Wurzel behaarten, sonst aber mit Hautschuppen bedeckten Schwanz. Die Schwimmhäute zwischen den Zehen der Hinterfüße, verschließbare Nasenlöcher und ein wasserabstoßendes Fell lassen den Biber als Wassertier erkennen. Das dunkelbraune Fell ist sehr fein.

Die Biber haben eine große Geildrüse, deren Ausscheidungen im Mittelalter als wundertätiges Allheilmittel angesehen wurden. Der Biber ist in vielen Gegenden Europas ausgerottet. Zur Zeit kommt der Biber nur noch am Mittellauf der Elbe, an der Rhône in Frankreich, an einigen Orten in Polen, in Skandinavien und in der UdSSR vor.

Er ernährt sich von verschiedenen Wasserpflanzen, jedoch auch von Rüben, Kartoffeln, Mais und Baumrinde.

Der Biber gräbt in den Uferböschungen geräumige Baue mit einem Wohnkessel in der Mitte und einigen Einfahrten. An stehenden Gewässern baut der Biber aus Zweigen und Ästen große Burgen, die außen mit Rasenplatten und Erde belegt sind. Um den Wasserstand auf einer bestimmten Höhe zu halten, errichten die Biber gemeinsam gewaltige Dämme. Zu diesem Zweck fällen sie auch mittelstarke Bäume, indem sie mit ihren scharfen Zähnen die Stämme ringsum solange kegelförmig benagen, bis sie umstürzen. Die Dämme werden mit Gras und Erde gefestigt. Der Biber schafft auf diese Weise kleine Stauseen, und wenn der Damm birst, bessern ihn die Tiere in kurzer Zeit wieder aus.

Im August wirft das Biberweibchen 2 bis 4 sehende Junge. Der Biber ist ein ausgezeichneter Schwimmer.

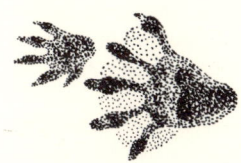

Spuren

Siebenschläfer

Glis glis   *Myoxidae*

Der Siebenschläfer ähnelt einem kleinen, grauen Eichhörnchen. Er hat einen ebenso buschigen Schwanz, doch fehlen die Ohrenpinsel. Die Körperlänge beträgt 13 bis 18 cm, die Schwanzlänge 11 bis 15 cm. Die großen, dunklen Augen verraten, daß sich das Leben des Siebenschläfers hauptsächlich während der Dämmerung und in der Nacht abspielt. Tagsüber hält er sich in hohlen Bäumen, Felsspalten oder Nistkästen versteckt und wird erst nach Sonnenuntergang rege. Seine Heimat sind Laubwälder, Parkanlagen und Gärten. Zur Nachtzeit stattet er auch Dachböden und Hütten einen Besuch ab, dringt in die Speisekammern ein und tut sich an Obst, Mus und Nüssen gütlich. In der Natur ernährt er sich von Baumsamen, verschiedenen Früchten sowie Insekten und erbeutet mitunter auch Jungvögel und Vogeleier. Die Nahrung hält er ähnlich wie die Eichhörnchen mit den Vorderpfoten fest.

Im Herbst, wenn die Siebenschläfer Überfluß an Nahrung haben, werden sie richtig dick und setzen unter der Haut eine Fettschicht an, von der sie dann während des Winterschlafes zehren können. Zu diesem ziehen sie sich im September oder Oktober in Erdlöcher oder hohle Bäume zurück. Etwa einen Monat, nachdem sie wieder zum Vorschein gekommen und schon wieder besser genährt sind, bilden sie Paare und bauen aus Grashalmen, Laub und Moos Nester, entweder in verschiedenen Hohlspalten oder aber auch freischwebend in Baumzweigen. Dort wirft das Weibchen einmal im Jahr 2 bis 7 Junge. Diese gleichen nach etwa 3 Monaten größenmäßig den Eltern.

Das Verbreitungsgebiet des Siebenschläfers reicht von Nordspanien über Süd-, Mittel- und Osteuropa bis nach Kleinasien und Transkaukasien.

Gartenschläfer

Eliomys quercinus

Myoxidae

Der bunteste Bilch ist der Gartenschläfer. Zu beiden Kopfseiten hat er schwarze Streifen, die Oberseite ist zimtbraun mit grauem Anflug. Der helle Schwanz ist oben braun und am Ende der buschigen Quaste schwarz. Der Rücken ist graubraun, die Unterseite weiß. Die Kopfrumpflänge beträgt 110 bis 150 mm, der Schwanz mißt 100 bis 120 mm, der Hinterfuß 25 bis 31 mm. Das Verbreitungsgebiet des Gartenschläfers ist größer als das des Siebenschläfers und umfaßt Nordafrika, Süd- Mittel- und Osteuropa bis zum Ural und reicht im Norden bis zu den südfinnischen Inseln. Der Gartenschläfer lebt in niedrigeren Lagen in Laub- und Mischwäldern, Parkanlagen und Gärten, am häufigsten kommt er in warmen Hügelgebieten vor, allerdings keineswegs in großer Anzahl. Er wagt sich auch in menschliche Wohnungen, wo er sich an Obstvorräten und anderen Leckerbissen vergreift. Ebenso wie seine Verwandten ist auch der Gartenschläfer ein ausgesprochenes Nachttier und ernährt sich von Obst, Früchten und niederen Tieren. Von allen Bilchen verzehrt der Gartenschläfer am häufigsten fleischliche Nahrung. Er hält sich auch mehr zu ebener Erde auf, mit Vorliebe in Schutt, Gestein und verwitterten Felsen, wo er in Spalten sein Nest baut. Dieses wird aber mitunter auch auf Bäumen, in alten Horsten oder Kobeln, in hohlen Bäumen oder in Nistkästen errichtet. Das Nest, das gleichzeitig auch für den Winterschlaf dient, wird mit feinem Material warm und weich ausgepolstert. Die Paarung erfolgt alsbald nachdem die Gartenschläfer vom Winterschlaf erwacht sind, von Ende Mai bis Juli wirft das Weibchen einmal oder zweimal 2 bis 7 Junge. Die Jungen werden erst nach 21 Tagen sehend. Der Gartenschläfer ist verhältnismäßig lautfreudig und gibt brummende und heisere Laute von sich.

Obere (links) und untere (rechts)
Backenzähne

Baumschläfer

Dryomys nitedula

Myoxidae

Der Baumschläfer steht größenmäßig etwa zwischen dem Sieben-
und dem Gartenschläfer. Die Kopfrumpflänge beträgt 86 bis
120 mm, der Schwanz ist 60 bis 113 mm lang. Die Oberseite ist
gelb- oder graubraun, die Unterseite weiß. Zum Unterschied vom
Gartenschläfer ist der gesamte Schwanz buschig, jedoch ohne
schwarze Zeichnung. Vom Siebenschläfer unterscheidet er sich
durch ein schwarzes Augenband. In Europa finden wir den Baumschläfer östlich des Bayrischen Waldes, öfters allerdings erst in
der Slowakei. In Mitteleuropa hält er sich meistens in höher gelegenen Misch- und Laubwäldern auf, mitunter steigt er sogar bis
zur Waldgrenze empor, z. B. in der Tatra. Auch in Norditalien
wurde er nachgewiesen, und auf der Balkanhalbinsel ist er sogar
sehr häufig, namentlich in mittleren und höheren Lagen, auch in
Laubwäldern, auf strauchbewachsenen Rainen, in Weingärten
und an trockenen Stellen mit spärlicher Strauchvegetation. Im
Osten reicht das Verbreitungsgebiet des Baumschläfers über Vorderasien bis zum Altai.

Der Baumschläfer ernährt sich ähnlich wie die anderen Bilche
hauptsächlich von verschiedenen Früchten und nimmt als Zukost
bisweilen niedere Tiere. Auf Beutesuche geht er zur Dämmerung
oder erst bei Nacht aus. Er bewegt sich zu ebener Erde ebenso geschickt wie auf den Bäumen. Das Nest befindet sich in hohlen
Bäumen, Felsspalten, mitunter auch bis 12 m hoch in den Zweigen
der Bäume. Auch verlassene Vogelhorste werden als Nest benutzt.
Die Vermehrung verläuft von April bis August. Das Weibchen
wirft ein- bis zweimal im Jahr 2 bis 5 Junge. Im Norden des Verbreitungsgebietes hält der Baumschläfer etwa von Oktober bis
April seinen Winterschlaf, im Süden bleibt er hingegen das ganze
Jahr über aktiv.

Obere (links) und untere (rechts) Backenzähne

Haselmaus

Muscardinus avellanarius   *Myoxidae*

Der kleinste und auffallendste unter den Bilchen ist die Haselmaus. Sie ist mit keiner anderen Bilchart zu verwechseln. Maus-
groß erreicht die Haselmaus etwa 75 bis 88 mm Länge, der
Schwanz ist völlig mit nicht allzu langen Haaren bewachsen und
wird 55 bis 77 mm lang. Die Haselmaus hat schöne, große und
dunkle Augen, die verraten, daß auch sie ein Nachttier ist.

Sie kommt fast in ganz Europa, von England und den Pyrenäen bis zur Wolga und im Norden bis nach Südschweden, vor.
Auch in Kleinasien lebt sie. In Mitteleuropa gibt es nur vereinzelte
Vorkommensinseln, in fruchtbaren, warmen Niederungen fehlt
sie gänzlich. Im Hügelland und in den Bergen hingegen ist sie
nicht selten. In den Karpaten wurde die Haselmaus sogar an der
oberen Knieholzgrenze in 1800 m Höhe nachgewiesen. Sie lebt
in Laub- und Mischwäldern, sogar in Hochwäldern und in der
Knieholzzone.

Die Haselmaus baut in den Zweigen niedrigerer Bäume etwa
1 m über dem Boden, mitunter aber auch im Gras, in Heidelbeer-
oder Himbeersträuchern oder unmittelbar am Boden kunstvolle
Nester. Den Winter verbringt sie jedoch in Erdlöchern oder unter
Fallaub. Mitunter überwintern auch einige Tiere gemeinsam. Das
Weibchen wirft einmal im Jahr 3 bis 7 Junge, die sich nach etwa
35 Tagen selbständig machen. Die Haselmaus erreicht ein Lebensalter von 7 Jahren.

Wenn sie im Frühjahr vom Winterschlaf erwacht, ernährt sich
die Haselmaus zunächst von jungen Trieben, Samen, Bucheckern
und Eicheln. Im Sommer verzehrt sie dann Erdbeeren, Heidel-
beeren und Himbeeren. An tierischer Nahrung nimmt sie in
kleineren Mengen Insekten und verschiedene andere wirbellose
Tiere zu sich.

Obere (links) und untere (rechts) Backenzähne

Waldbirkenmaus

Sicista betulina   *Zapodidae*

Die Waldbirkenmaus ist ein sehr interessantes Tier, da sie mit den Springmäusen verwandt ist, also einer Familie von Steppen- und Wüstennagern mit verlängerten Hintergliedmaßen, die sich meist durch lange Sprünge wie kleine Känguruhs vorwärtsbewegen. Die Waldbirkenmaus hat allerdings keine verlängerten Extremitäten. Auf den ersten Blick macht sie den Eindruck einer langschwänzigen Maus. Sie mißt 50 bis 70 mm, der Schwanz ist um die Hälfte länger als der Leib, 76 bis 109 mm. Die Condylobasallänge beträgt 16,2 bis 18,8 mm. Das Fell ist gelbgrau, an der Unterseite lichter, mit einem auffallenden Rückenstreifen von der Schwanzwurzel bis zwischen die Augen. Die Oberlippe ist nicht gespalten wie bei den Mäusen.

In Mitteleuropa ist sie hauptsächlich ein Berglandtier, weiter im Norden und nach Osten zu kommt sie auch in niedriger gelegenen Wäldern und sogar in Steppengebieten vor. Im Osten erstreckt sich ihr Verbreitungsgebiet über ganz Sibirien bis nach Transbaikalien. Sie kommt hier meistens an der Obergrenze der Waldzone in Heidelbeersträuchern, auf Almwiesen, in Sumpfmooren und auf Torfwiesen vor. Auch auf Waldschlägen treffen wir sie an. Sie hält sich vornehmlich am Boden auf, klettert jedoch geschickt auch auf niedrigere Sträucher. Dabei hilft sie sich mit dem Schwanz, den sie um die Zweige wickelt. Das Sommernest baut sie im Gras, Moos oder zwischen Strauchwurzeln, entwurzelten Bäumen oder in modernden Baumstrünken. Den Winter über, von Oktober bis April, schläft sie zusammengerollt in einer selbstgescharrten seichten Erdhöhle. Einmal im Jahr wirft das Weibchen 2 bis 6 Junge, die sich nur langsam entwickeln und 5 Wochen lang gesäugt werden. Die Birkenmaus ernährt sich von Grassamen, kleinen Früchten und Insekten.

Obere (links) und untere (rechts) Backenzähne

Steppenbirkenmaus

Sicista subtilis

Die Steppenbirkenmaus ist eine nahe Verwandte der Waldbirkenmaus. Ebenso wie diese hat sie einen schwarzen Rückenstreifen, dieser ist jedoch seitlich von 2 breiteren, hellen Streifen eingefaßt. Die Körperlänge überschreitet 72 mm nicht und erreicht in der Regel etwa 60 mm, der Schwanz ist kürzer als bei der Waldbirkenmaus. Er ist etwa um ein Drittel länger als die Kopfrumpflänge. Die westlichste Vorkommensstelle der Steppenbirkenmaus ist der Neusiedler See in Österreich. Ihr Verbreitungsgebiet zieht sich von der ungarischen Pußta über Rumänien, den Süden des europäischen Teiles der UdSSR nach Kasachstan und Nordwestchina. Sie ist ein typischer Steppen- und Waldsteppenbewohner und lebt unter Gräsern, Kräutern und Sträuchern, sogar in Feldfluren, sowohl an trockenen Stellen als auch in Wassernähe. Eigene Baue gräbt sie nicht, sondern lebt in verlassenen Bauen anderer Nagetiere, in Gesteinsspalten oder unter Baumwurzeln. Sie ernährt sich von Insekten, Grünpflanzen und Wurzeln.

Höchstwahrscheinlich kommt es bei der Steppenbirkenmaus, ähnlich wie bei anderen Nagetieren, zu periodischen Bestandsschwankungen. Durch ihre versteckte Lebensweise entgeht die Steppenbirkenmaus jedoch oft der Aufmerksamkeit des Menschen.

Sie vermehrt sich von Mai bis Anfang Juni, höchstwahrscheinlich nur einmal im Jahr, mit Wurfgrößen von 4 bis 8 Jungen. Zur Überwinterung dienen selbst ausgescharrte Röhren.

Waldbirken- und Steppenbirkenmaus vertragen gut die Gefangenschaft.

Am leichtesten sind sie in eingegrabene Breithalsflaschen zu fangen, in die sie auf ihren Streifzügen hineinfallen.

Westblindmaus

Spalax leucodon   *Spalacidae*

In der Ordnung der Nagetiere finden wir auch einige Arten, die
hervorragend einem unterirdischen Leben angepaßt sind. Von
den europäischen Säugetieren gehört hierzu die Westblindmaus.
Der walzenförmige, bei erwachsenen Tieren 190 bis 230 mm lange
Leib ist mit einem graubraunen, feinen und kurzen Fell bedeckt,
Schwanz und Ohrmuscheln sind überhaupt nicht zu erkennen,
der Kopf ist breit und flach. Zu seinen Seiten befinden sich 2 steife
Borstenhaarkämme. Die kurzen Füße sind nicht besonders zum
Wühlen geeignet. Sie haben 5 Zehen, die Vordergliedmaßen sind
etwas stärker und mit längeren Krallen versehen. Die Blindmaus
ist tatsächlich blind, denn die Augen sind mit Haut überwachsen.
Die Westblindmaus lebt in Ungarn, auf dem Balkan, in der
Westukraine, in Kleinasien und in Transkaukasien. Sie ist sowohl
in niedrigeren Lagen als auch in den Bergen anzutreffen und verrät ihre Anwesenheit durch mächtige Erdhaufen, die beim Graben
der unterirdischen Gänge aufgeworfen werden. Die Blindmaus
lebt im Labyrint ihrer unterirdischen Gänge, die sich nicht allzu-
tief unter der Oberfläche befinden. Nur die Winterhöhle liegt in
einer Tiefe bis zu 2 m. Beim Graben hilft sich die Blindmaus mit
den mächtigen Nagezähnen. Zunächst wird das Erdreich mit
der Stirn auseinandergeschoben, dann mittels des flachen Kopfes
hochgehoben und schließlich mit den Vorderfüßen beiseite ge-
scharrt. In den Gängen finden wir oft Vorratskammern mit Wur-
zelenden, Knollen und Grünfutter. Die Hauptnahrung der
Blindmäuse bilden Wurzeln.
Die Westblindmaus vermehrt sich nur einmal jährlich. Im tief-
gelegenen, unterirdischen Lager, das mit trockenen Grashalmen
ausgepolstert ist, wirft das Weibchen 2 bis 4 Junge.

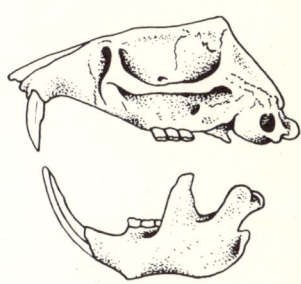

Schädel von der Seite gesehen

Hausmaus

Mus musculus

Das Äußere der Hausmaus ist recht variabel. In Europa leben verschiedene Formen. Die Westeuropäische Hausmaus ist dunkler, nach Osten zu geht die Farbe in einen mehr gelben Ton über, und auch das Grau der Unterseite wird lichter. Außerdem bestehen noch Farbunterschiede zwischen den Fortpflanzungsgemeinschaften, die in der Nähe des Menschen leben und den Hausmäusen in freier Natur. Die Zoologen unterscheiden nach diesen Merkmalen einige Unterarten.

Die Hausmaus ist an der Oberseite dunkel-, braun- oder gelbgrau, die Unterseite ist hellgrau, grauweiß oder gelbgrau. Die Kopfrumpflänge beträgt 80 bis 90 mm, der Hinterfuß mißt 16 bis 18,5 mm, der Schädel 17 bis 21 mm. Im Unterschied zu anderen Mäusegattungen hat der Hinterrand des oberen Nagezahnes einen scharfen Einschnitt. Die Hausmaus unterscheidet sich von anderen Arten noch durch den unangenehmen Mäusegeruch.

Die Hausmaus kommt in allen Erdteilen vor, ist also Kosmopolit. Ihre ursprüngliche Heimat war höchstwahrscheinlich Vorderasien. Von dort aus wurde sie schon vor langer Zeit mit Getreide in die ganze Welt gebracht. In der Natur ernährt sich die Hausmaus von pflanzlicher Nahrung, hauptsächlich von Samen. Die Tiere der Komensalpopulationen sind Allesfresser und auch bei einseitiger Nahrung vermehrungsfähig. Sie vermehren sich hauptsächlich im Frühjahr und Sommer, nicht selten finden wir allerdings Junge auch in den Wintermonaten. Die Weibchen legen alljährlich einige Würfe von je 4 bis 8 Jungen. Diese sind nach 30 Tagen selbständig, entwickeln sich rasch und können schon im ersten Lebensjahr selbst Junge haben.

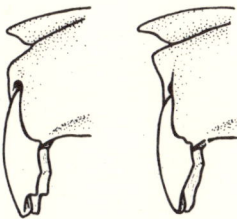

Schneidezähne der Waldmaus (links) und der Hausmaus

Zwergmaus

Micromys minutus

Die Zwergmaus ist etwa so groß wie die Waldbirkenmaus, hat jedoch keinen so langen Schwanz. Auch fehlt der schwarze Rückenstreifen, und das Fell ist mehr rostrot. Die Kopfrumpflänge erreicht 50 bis 75 mm, der Schwanz 50 bis 60 mm, die Hinterfüße sind 12 bis 16 mm lang. Erwachsene Zwergmäuse sind im Sommer hellrostfarben, das Winterkleid der Jungtiere ebenso wie der erwachsenen Zwergmäuse ist graubraun. Beide Färberungen haben eine weiße oder gelbliche Unterseite. Die Zwergmaus klettert gewandt nicht nur auf Zweigen, sondern auch auf Gras- Schilf- und Getreidehalmen. Mit dem Greifschwanz und der ersten Zehe der Hinterfüße, die seitlich gegen die anderen Zehen gestellt werden kann, wird das Gleichgewicht gehalten.

Das Vorkommensgebiet der Zwergmaus reicht von Frankreich und England über ganz Europa und Asien bis nach Japan und Vietnam. In Europa ist sie inselmäßig verbreitet, vor allem in feuchten, tieferen Lagen und an Gebirgsausläufern. Ihre ursprüngliche Heimat sind Sümpfe mit Riedgras- und Schilfbeständen. Das Nest der Zwergmaus ist kunstvoll zwischen Schilf-, Ried- gras-, Getreide- oder Rapshalmen errichtet, die in die Wandungen eingebaut sind. Das kugelige Nest befindet sich etwa 25 bis 80 cm über dem Erdboden und hat seitliche Eingänge. Nester, die zur Übernachtung dienen, haben 2 Eingänge, Kinderstuben nur einen Eingang. Als Baumaterial dienen der Zwergmaus zerschlissene Blätter. Das gesamte Nest ist etwa so groß wie eine Kinderfaust. Außer diesen Hängenestern baut die Zwergmaus noch unterir- dische Nester, in denen sie sich die ungünstige Jahreszeit über versteckt.

Die Zwergmaus vermehrt sich sehr rasch. Die Weibchen legen im Jahre bis zu 3 Würfe mit je 3 bis 7 Jungen.

Brandmaus

Apodemus agrarius

Das auffälligste Kennzeichen der Brandmaus ist ein dunkler, fast schwarzer, scharf abgesetzter Streifen, der sich von der Stirn über die ganze Rückenmitte bis zur Schwanzwurzel zieht. Im Unterschied zur Waldbirkenmaus beginnt jedoch dieser schwarze Rückenstreifen nicht zwischen den Augen, sondern erst zwischen den Vorderrändern der Ohrmuscheln. Im Vergleich zu anderen Waldmäusen ist der Schwanz verhältnismäßig kurz, etwa drei Viertel der Kopfrumpflänge. Diese beträgt 90 bis 115 mm, die Hinterfüße haben 18 bis 21 mm, die Condylobasallänge ist 18,5 bis 25 mm. Die Oberseite ist rehbraun, die Unterseite grauweiß.

Die Brandmaus hält sich im Unterholz an Waldrändern, Bachläufen usw. auf. Sie bevorzugt feuchtere Stellen und lebt mitunter sogar im Röhricht. In ihrer Lebensweise ähnelt sie den übrigen Waldmäusen, klettert und springt jedoch weniger behend. Abgesehen davon ist sie eher ein Tagtier. Obwohl sie mehr tierische Nahrung aufnimmt als andere Waldmäuse, überwiegt immer noch die pflanzliche Kost. Sie gräbt verschlungene Röhren, und das aus Laub bestehende Nest befindet sich in einer Tiefe von etwa 40 cm. Die Brandmaus vermehrt sich von April bis August. Die 3 bis 4 jährlichen Würfe bestehen aus je 4 bis 9 Jungen.

Das Verbreitungsgebiet der Brandmaus reicht vom Rheinland über Mittel- und Südeuropa bis nach China, Korea und Japan.

Ebenso wie bei anderen Nagetieren kommt es bei der Brandmaus in manchen Jahren zu Massenvermehrungen, die dann vielerorts zur wahren Mäuseplage werden. Im Winter ziehen sich die Brandmäuse in Strohdiemen zurück, wo sie ein warmes Versteck und Getreidereste vorfinden. Andernorts beziehen sie Scheunen oder andere Wirtschaftsgebäude.

Rechter Vorder- und linker Hinterfuß

Gelbhalsmaus

Apodemus flavicollis

Die Gelbhalsmaus ist ein etwas größerer Doppelgänger der Wald-maus. Die Körpermaße beider Arten sind annähernd gleich, die Kopfrumpflänge beträgt 90 bis 120 mm, der Schwanz ist durch-schnittlich ebenso lang, nur die Hinterfüße sind in der Regel etwas länger, 24 bis 26 mm. Außerdem ist die Grenze zwischen der rost-braunen Oberseite und dem weißen Bauch an den Flanken auf-fallend scharf, so daß sich ein starker Farbkontrast ergibt. An der Kehle befindet sich ein größerer oder kleinerer rostbrauner Fleck. Die Condylobasallänge bewegt sich zwischen 24 und 29 mm.

Die Gelbhalsmaus lebt fast in ganz Europa und Asien, mit Aus-nahme der ganz südlichen Gebiete beider Erdteile. Sie ist in Laub-wäldern ebenso verbreitet wie in Nadelwäldern. Im Winter zieht sie sich zu menschlichen Behausungen. Sie ist ein ausgezeichneter Kletterer, und wir finden ihre Nester mitunter recht hoch über der Erde in hohlen Bäumen. Ansonsten gräbt sie auch eigene unterirdische Gänge, etwa an den gleichen Stellen wie die Wald-maus. Auch bei dieser Art überwiegt die Samennahrung, haupt-sächlich Ölpflanzensamen, die die Gelbhalsmaus besonders liebt. Ihre Speisekarte enthält allerdings auch tierische Nahrung. Be-sonders stark entwickelt ist bei der Gelbhalsmaus der Instinkt zum Vorratanlegen.

Die Gelbhalsmaus ist ein Nachttier. Auf Nahrungssuche be-gibt sie sich erst eine Stunde nach Sonnenuntergang. Wir können sie aber auch am Tage zu Gesicht bekommen.

Die Gelbhalsmaus vermehrt sich ähnlich wie die Waldmaus, nur wirft das Weibchen mitunter die Jungen auch noch während der Wintermonate. Die Gelbhalsmaus erreicht ein Alter von ein-einhalb Jahren, nur ausnahmsweise auch ein Alter von 2 oder sogar 3 Jahren.

Rechter Vorder- und linker Hinterfuß

Waldmaus

Apodemus sylvatius

Eine allgemeingültige Vorkommenscharakteristik dieses in Europa sehr häufigen Nagetieres ist nicht einfach. Zwar wird sie in den meisten Sprachen als Waldmaus bezeichnet, doch kommt sie in Mitteleuropa in tieferen Wäldern fast überhaupt nicht vor. Vielmehr ist sie ein häufiger Bewohner von Waldrändern, Heckenrainen, Uferdickungen sowie der näheren Umgebung menschlicher Behausungen.

Die Waldmaus hat ein graubraunes Fell mit leicht rostrotem Anflug. Die graubraunen Flanken sind seitlich vom schmutzig weißen Bauch nicht scharf abgesetzt. Auf der weißen Kehle befindet sich ein schmaler gelber Farbfleck, der mitunter jedoch auch völlig fehlt. Die Waldmaus hat große Ohren und große, dunkle Augen. Die Kopfrumpflänge beträgt 90 bis 105 mm, die Schwanzlänge 90 bis 100 mm und die Condylobasallänge 22 bis 26 mm. Die 20 bis 23 mm langen Hinterfüße ermöglichen der Waldmaus verhältnismäßig lange Laufsprünge.

Ihre Hauptnahrung sind Baum- und andere Pflanzensamen. Zu Zeiten der Massenvermehrung richtet sie beträchtliche Schäden an Wald- und Feldkulturen sowie auf Schüttböden und in Speisekammern an. Die Waldmaus hält keinen Winterschlaf, während starker Fröste verfällt sie jedoch in einen besonderen Erstarrungszustand.

Die Weibchen werden schon in dem Jahr ihrer Geburt fortpflanzungsfähig. Ein Weibchen hat 3 bis 4 Würfe jährlich, wobei sich die Wurfgröße zwischen 2 und 8 Tieren bewegt. In der Natur lebt die Waldmaus durchschnittlich eineinhalb Jahre.

Die Waldmaus kommt fast in ganz Europa, mit Ausnahme des nördlichsten Teiles, in Nordafrika, Südsibirien, Klein- und Vorderasien sowie Indien vor. Sie ist eines der häufigsten Säugetiere überhaupt.

Rechter Vorder- und linker Hinterfuß

Hausratte

Rattus rattus

Die Hausratte ist in Mitteleuropa wesentlich seltener als die Wanderratte, und beide Arten werden häufig verwechselt. Dennoch bestehen zwischen ihnen bedeutende Unterschiede. Die Hausratte ist kleiner und schlanker, 160 bis 235 mm lang. Der Schwanz ist gewöhnlich länger als der Körper oder genau so lang. Die umgelegten Ohrmuscheln erreichen oder überdecken das Auge, der Hinterfuß mißt 36 bis 40 mm, der Schädel 36 bis 44 mm. Die Hausratte kommt in 2 Färbungsformen vor. In schwarzen Fortpflanzungsgemeinschaften sind jedoch auch wildfarbige, graubraune, ähnlich wie die Wanderratten gefärbte Tiere anzutreffen, ja sogar in einem Wurf können Junge beider Farbformen vorkommen.

Die weltweite Verbreitung der Hausratte bewirkte der Mensch. Ursprünglich bewohnte sie nur die tropischen Gebiete Asiens und Afrikas. Nach Mitteleuropa gelangte sie wesentlich früher als die Wanderratte, in der ihr dann eine recht spürbare Konkurrenz erwuchs. Die Wanderratten verdrängten nach und nach die Hausratten an vielen Stellen. Die Hausratten leben in höheren Lagen, Dachböden, höheren Etagen usw., die Wanderratten in den ebenerdigen Gelassen. Die Hausratten sind wesentlich reinlicher als die Wanderratten und bevorzugen trockenere und wärmere Standorte. Sie ernähren sich vornehmlich von Früchten und Samen. Ein weiterer Unterschied zwischen beiden Arten besteht hinsichtlich der Vermehrung. Die Hausratte hat keine so zahlreiche Nachkommenschaft, und die einzelnen Mitglieder der Hausrattenpopulationen sind im gegenseitigen Verkehr wesentlich verträglicher, als das bei den Wanderratten der Fall ist. Die Hausratten klettern ausgezeichnet und springen sehr gut, begeben sich jedoch freiwillig nicht ins Wasser. Ebenso wie die Wanderratten werden die Hausratten erst zur Dämmerung, bzw. nachts rege.

Schädel von oben gesehen

Wanderratte

Rattus norvegicus

Die Wanderratte ist ein mittelgroßes Nagetier mit einer Kopf-rumpflänge von 190 bis 270 mm, einem Schwanz von 130 bis 200 mm und Hinterfüßen von 38 bis 45 mm. Die Condylobasal-länge beträgt 44 bis 53 mm. Der Schwanz ist fast unbehaart, schuppig und niemals länger als der Körper. Das nach vorn gebogene Ohr erreicht nicht das Auge. Die Oberseite ist braungrau, die Unterseite schmutzig weiß.

Ähnlich wie die Hausmaus kommt die Wanderratte durch Zutun des Menschen heute in allen Erdteilen und auf den meisten Inseln vor. Es ist nicht bekannt, woher die Wanderratte eigentlich stammt, es ist jedoch anzunehmen, daß es jene Gebiete waren, wo sie heute noch in freier Natur lebt, nämlich Ostasien. Auch bei uns sind zwar freilebende Wanderratten-Fortpflanzungsgemeinschaften anzutreffen, aber weit größere Populationen leben in Gemeinschaft mit dem Menschen, in Gebäuden, Kanalisationssystemen, Mastställen, Schlachthöfen usw.

In freier Natur hält sich die Wanderratte gern in der Nähe des Wassers auf, in dem sie sich ausgezeichnet bewegen kann. In Gebäuden lebt sie in Kellern oder unter dem Fußboden. Die Wanderratten graben ganze Ganglabyrinte mit Wohn- und Vorratshöhlen. Ihre Baue verlassen sie in der Regel erst abends oder bei Nacht.

Die Wanderratten leben in Mehrehe, und die Weibchen legen jährlich in 2 bis 3 Würfen je 6 bis 12 Junge.

Die Schädlichkeit der Wanderratten besteht nicht nur darin, daß sie alles auffressen, was sie vorfinden. Weit gefährlicher ist, daß sie an unsauberen, infektiösen Stellen leben, von dort aus in Nahrungsgüterlager usw. dringen und so gefährliche Krankheiten verschleppen.

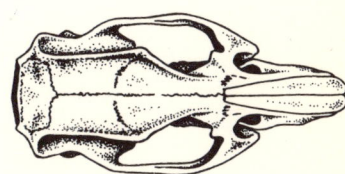

Schädel von oben gesehen

Hamster

Cricetus cricetus *Cricetidae*

Der Hamster ist ein untersetztes, mittelgroßes und recht buntes Nagetier. Bei einer Kopfrumpflänge von 240 bis 340 mm haben der Schwanz nur 40 bis 50 mm, der Hinterfuß 30 bis 40 mm und der Schädel 46 bis 52 mm. Eine Besonderheit des Hamsters sind die großen Backentaschen.

Er ist ein typischer Steppen- und Feldbewohner. Hier gräbt er seine Baue und lebt sein Einsiedlerleben. Hauptteil des Hamsterbaues ist die Wohnkammer. Eine weitere Kammer dient als Vorratsraum. Dieser enthält für den Winter bis zu 15 kg Getreide, Kartoffeln, Rüben und dgl. In der Wohnkammer befindet sich ein mit Gras gepolstertes Lager, in dem das Weibchen die Jungen wirft. Eine beträchtliche Zeit des Jahres schläft der Hamster seinen Winterschlaf. Von Zeit zu Zeit erwacht er und verzehrt etwas von seinen Vorräten. Im Frühjahr leben Männchen und Weibchen eine kurze Zeit gemeinsam. Nach einer zwanzigtägigen Tragzeit wirft die Hamsterin 4 bis 12 Junge. Das geschieht zwei- bis dreimal im Jahr. Am siebzehnten Lebenstag unternehmen die jungen Hamster schon selbständige Ausflüge in die Umgebung des Baues.

Die Nahrung stopft der Hamster in seine Backentaschen, in denen er auf einmal bis zu 50 g Getreide wegschafft. Dabei bewegt er den Kopf, als ob er angestrengt schlucken würde. Wenn er in dieser Lage von einem Feind überrascht wird, entleert er zunächst die Backentaschen und geht dann in Kampfstellung, wobei er sich auf die Hinterbeine hockt, die Zähne aufeinander schlägt und faucht.

Das Verbreitungsgebiet des Hamsters reicht von Frankreich über Mittel- und Osteuropa bis an den Jenissei, ist jedoch auf Steppen und Kultursteppen beschränkt.

Berglemming

Wühler

Lemmus lemmus   *Cricetidae*

Die Lemminge sind Verwandte der Wühlmäuse. Es gibt einige Arten, wovon in Europa der Berglemming als typischer Bewohner der nordischen Tundra heimisch ist. In Skandinavien lebt er sowohl in der waldlosen, als auch in der Waldtundra, wo Wälder und weite Moore abwechseln. Sein Verbreitungsgebiet reicht von Nordskandinavien bis zur Halbinsel Kola. Dort lebt er auch am Meeresstrand. Weiter nach dem Süden Skandinaviens wird der Lemming zum Bergbewohner. Der Berglemming hat ein recht buntes Kleid. Auf gelbbraunem Untergrund befindet sich eine schwarze Zeichnung. Seine Kopfrumpflänge ist 13 bis 15 cm, die Ohren sind kurz und im Fell verborgen. In seinem äußeren Gehaben ähnelt er dem Hamster. Wenn er von einem Raubtier bedroht ist, versteht er sich zu wehren, faucht und zögert auch nicht, sich dem Menschen zu widersetzen. Unter Steinen, Baumstrünken und im dichten Torfteppich gräbt er weitverzweigte Gänge und baut aus Gras, Flechten und Moos kugelige Nester. Die Lemminge ernähren sich hauptsächlich von Pflanzen. Die Weibchen legen zweimal im Jahre, bei günstiger Witterung auch dreimal, je 5 bis 6 Junge. Im Frühjahr geworfene Jungtiere sind schon im Spätsommer vermehrungsfähig. In günstigen Jahren, in der Regel alle 3 bis 4 Jahre, kommt es zu Massenvermehrungen der Lemminge, die dann im wahren Sinn des Wortes die Tundra überschwemmen. Die Folgeerscheinung sind Massenwanderungen, die die Lemmingheere an Stellen führen, wo sie nie gewesen sind, sogar in die Städte. Sie überschwimmen selbst breite Flußläufe und stürzen sich mitunter auch ins Meer. Während dieser Wanderungen kommt die Mehrzahl der Tiere um. Lemminge bilden die wichtigste Nahrung der Greifvögel und zahlreicher anderer Tundrabewohner.

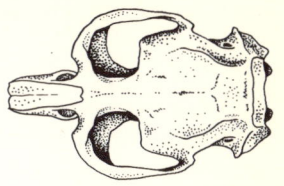

Schädel von oben gesehen

Rötelmaus

Clethrionomys glareolus

Cricetidae

Die Rötelmaus gehört ebenso wie die Schermaus zur Unterfamilie der Wühlmäuse aus der Familie der Wühler und unterscheidet sich damit wesentlich von den Mäusen. Die Wühlmäuse sind untersetzter und haben im Verhältnis zur Körperlänge einen längeren Schwanz und kürzere Hinterbeine. Die Ohren sind kürzer und überragen das Fell nur wenig. Im Gegensatz zu den großäugigen Mäusen haben die Wühlmäuse nur kleine, unauffällige Augen. Die Backenzähne dieser Nagetiere werden an der Oberfläche ununterbrochen abgeschliffen, wachsen aber immer wieder nach. Die Rötelmaus mißt 90 bis 110 mm, der Schwanz erreicht durchschnittlich etwa die Hälfte der Kopfrumpflänge, also 40 bis 55 mm. Der Hinterfuß mißt 14 bis 18 mm, der Schädel 22 bis 26 mm. Die Oberseite ist rostbraun, die Unterseite silberweiß.

Die Rötelmaus ist ein echter Waldbewohner und begnügt sich auch mit einer kleinen Baumgruppe oder einem eichenbewachsenen Deich mit Sträuchern. Im Wald kommt sie überall vor. Ihr Nest baut die Rötelmaus meist dicht unterhalb der Erdoberfläche. Von allen Wühlmäusen klettert sie am besten. Das nutzt sie besonders im Winter aus, wenn sie auf die Bäume klettert und die Rinde der jungen Triebe benagt.

Die Vermehrung erfolgt von April bis August. Einige Male im Jahr werden von 3 bis 7 Junge geworfen.

Diese verlassen das heimatliche Nest in der Regel nach etwa 3 Wochen und sind in Kürze selbst vermehrungsfähig. Namentlich die Weibchen entwickeln sich sehr rasch und können bereits nach dreieinhalb Monaten selbst Junge haben.

Die Rötelmaus lebt fast in ganz Europa mit Ausnahme von Irland, der Pyrenäen- und der Apenninenhalbinsel und des Südbalkans, weiter in Westsibirien, Kleinasien und in Transkaukasien. Sie gehört zu den häufig vorkommenden Nagetieren.

Obere (links) und untere (rechts) Backenzahnreihe

Bisamratte

Ondatra zibethica

Die größte unter den europäischen Wühlmäusen ist die Bisamratte. Ursprünglich war sie in Nordamerika zu Hause, wo sie weite Gebiete von Alaska bis Louisiana bewohnt. Fünf Bisamrattenpaare wurden im Jahre 1905 in Mittelböhmen ausgesetzt. Sie vermehrten und verbreiteten sich alsbald nicht nur in Böhmen, sondern auch in Deutschland, Österreich, Polen, der Schweiz, Ungarn, Jugoslawien, Rumänien und Bulgarien. Auch an zahlreichen Stellen der UdSSR, Finnlands sowie an anderen Orten wurden sie eingebürgert, so daß sie sich heute sogar nach der Mongolei und nach China verbreitet haben. In Südeuropa fehlt die Bisamratte gänzlich.

Die Bisamratte hat eine glänzende, dunkel- bis kastanienbraune Oberseite, die Unterseite ist graubraun. Auffallend ist ihr langer, seitlich abgeflachter Schwanz, der beim Schwimmen als Steuer dient. Die Hinterfüße, deren Zehen seitlich mit besonderen, die Wirkungsfläche vergrößernden Schwimmhaaren versehen sind, werden als Ruder benutzt. Die Kopfrumpflänge beträgt 310 bis 350 mm, der Schwanz mißt 20 bis 25 cm, der Hinterfuß 60 bis 80 mm. In der Gegend der Geschlechtsorgane befinden sich Duftdrüsen, die ein nach Moschus riechendes Sekret ausscheiden. Wasserpflanzen dienen der Bisamratte sowohl als Nahrung als auch zum Nestbau.

Die Nester sind allerdings unterschiedlicher Art. In den Uferböschungen werden lange, waagerechte Gänge gegraben, an deren Ende sich die mit trockenen Pflanzen ausgepolsterte Wohnhöhle befindet. Mitunter haben diese langen Gänge auch Lüftungsschächte. Der Eingang befindet sich stets unter Wasser. An flachufrigen Gewässern ohne Uferböschungen, wo keine Erdbaue gegraben werden können, finden wir im Ried oft Nestbauten, die an die bekannten Burgen der Biber erinnern. Die Weibchen werfen bis zu viermal im Jahr 7 bis 8 Junge.

Hinterfuß

Bergmaus

Dolomys bogdanovi

Cricetidae

Äußerlich ähnelt die Bergmaus der Schneemaus. Die Bergmaus ist jedoch größer, hat einen relativ längeren Schwanz und längere Ohren, die deutlich aus dem Fell hervorragen. Das feine langhaarige Fell ist an der Oberseite blau- bis braungrau, die Unterseite ist grauweiß. Der behaarte Schwanz ist oben grau, unten weißlich. Erwachsene Exemplare erreichen eine Kopfrumpflänge von 126 bis 149 mm, der Schwanz mißt 90 bis 110 mm, der Hinterfuß 24 bis 36 mm, die Ohrmuschel 18 bis 22 mm und die Condylobasallänge 31 bis 35 mm.

Die Bergmaus ist in hohem Grad den Lebensbedingungen in Felsen und Muren angepaßt. Die Bewegung im Dunkeln ermöglichen Tasthaare an der Schnauze, die bis zu 6 cm lang sind. Bisher wurde diese Wühlmausart nur in Jugoslawien nachgewiesen, wo sie in den mannigfaltigen Karstgebieten bzw. in ihrer Nähe lebt. Die meisten Funde dieses interessanten Säugetieres stammen aus Lagen über 1000 m Höhe. Einige Funde stammen nämlich aus Gegenden, die nur wenig über dem Meeresspiegel liegen, (Skutarisee). Die Bergmaus gräbt keine Baue und verbringt den Großteil ihres Lebens zwischen Gesteinsblöcken und in Felsspalten. Ähnlich wie die anderen Wühlmäuse hinterläßt sie ihre Spuren auf Fraßplätzen — abgebissene Halme und Stengel, Blattrippen und Wurzeln. Kräuterblätter schafft sie auch in Felsspalten oder unter Gesteinsblöcke.

Interessant ist die Entdeckungsgeschichte der Bergmaus. Die Gattung „Dolomys" war nur fossil bekannt geworden. Erst 1922 wurde in den montenegrinischen Bergen die Bergmaus festgestellt und ursprünglich als Verwandte der Schneemaus betrachtet. Erst später stellte sich heraus, daß die Bergmaus der letzte lebende Vertreter der Gattung „Dolomys" ist.

Obere (links) und untere (rechts) Backenzahnreihe

Schermaus

Arvicola terrestris   *Cricetidae*

Die Schermaus ist mit Ausnahme der vom Menschen ausgesetzten
Bisamratte die größte europäische Art der Wühlmäuse. Die Kopfrumpflänge beträgt 130 bis 190 mm, der Schwanz mißt 75 bis
125 mm, der Hinterfuß 27 bis 32 mm. Die Condylobasallänge erreicht 33 bis 38 mm. Die Färbung ist meist dunkelbraun, es kommen aber auch vereinzelt hellgraue und schwarze Schermäuse vor.

Die Schermaus lebt vornehmlich am Wasser. Sie schwimmt
und taucht ausgezeichnet und gräbt an den Ufern stehender und
fließender Gewässer tiefe Baue, die sich oft durch flache „Maulwurfshaufen" herausgeschobener, überschüssiger Erde verraten.
Die Nester der Schermaus sind jedoch nicht ausschließlich unterirdisch. Oft baut sie auch aus trockenen Wasserpflanzen oder
Schilf kugelige Nester in den unteren Zweigen vormals über-
schwemmter Sträucher oder auf den schwimmenden Nestern ver-
schiedener Wasservögel. In geöffneten Schermausbauen finden
wir oft Nahrungsvorräte, ganze Haufen zerbissener Wurzeln,
Zweige, Knollen und dgl.

Die Schermaus lebt allerdings nicht nur am Wasser. Wir treffen sie, insbesondere im Herbst, auch in Gärten, auf Kartoffelfel-
dern und Rübenschlägen. Bisher ist nicht eindeutig geklärt, ob es
nicht 2 Schermausarten gibt, eine, die trockenes Land bevorzugt,
und eine am Wasser lebende Art, oder nur eine Art, deren Ange-
hörige sich im Herbst, wenn sie das Nest verlassen haben, auch
weiter an trockene Stellen ausbreiten.

Das Weibchen wirft drei- bis viermal jährlich je 2 bis 8 Junge.

Im Winter ernähren sich die Schermäuse gern von Baumwurzeln. Die Schermaus lebt fast in ganz Europa, ostwärts in Asien
bis zur Lena sowie in Vorderasien und im Iran.

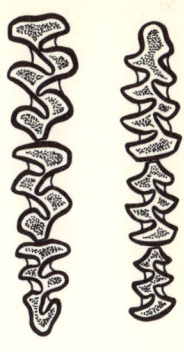

Obere (links) und untere (rechts)
Backenzahnreihe

Feldmaus

Wühler

Microtus arvalis   *Cricetidae*

Das häufigste Säugetier der europäischen Feldfluren und Wiesen ist die Feldmaus. An der Oberseite graubraun oder gelbgrau, unten grau- oder ockerweiß, mißt sie 90 bis 120 mm, der Schwanz ist verhältnismäßig kurz, er erreicht 40 % der Kopfrumpflänge. Der Hinterfuß mißt höchstens 18 mm und die Condylobasallänge bewegt sich zwischen 22 und 27 mm.

Die Feldmaus ist ein Bewohner offener Niederungen oder niedrigerer Höhenlagen. Sie ist in ganz Europa mit Ausnahme von England, Skandinavien und einem Teil des Mittelmeergebietes beheimatet. Weiter lebt sie in Kasachstan, in Südostteil Mittelasiens und in Südsibirien.

In manchen Jahren kommt es zu den bekannten Massenvermehrungen der Feldmäuse. Über die Ursachen der periodischen Übervermehrungen ist nicht allzuviel bekannt, eine davon ist jedoch ihre einzigartige Vermehrungsintensität. Die Feldmausweibchen können unter günstigen Umweltbedingungen bereits im Alter von 5 Wochen selbst Junge zur Welt bringen. Die Geschlechtsreife der Weibchen tritt bereits am dreißigsten Lebenstage ein, also zur Zeit, da sie noch vom Muttertier gesäugt werden. Bei älteren Weibchen tritt die Paarung sofort nach dem Wurf ein. Da die Tragzeit 19 bis 21 Tage dauert, erfolgen die einzelnen Würfe alle 3 Wochen.

Die Wurfgröße beträgt 4 bis 12 Junge, es wurden sogar Nester mit 15 Jungen festgestellt, wobei allerdings nicht ausgeschlossen ist, daß es sich um Junge zweier Weibchen handelt. Ausnahmsweise vermehren sich die Feldmäuse auch im Winter.

Die Feldmaus ernährt sich vorwiegend von Grünpflanzen; tierische Nahrung wird nur in geringem Maße aufgenommen. In Zeiten der Massenvermehrung fügen die Feldmäuse der Landwirtschaft ungeheure Schäden zu.

Obere (links) und untere (rechts)
Backenzahnreihe

Erdmaus

Wühler

Microtus agrestis

Cricetidae

Um Erdmaus und Feldmaus unterscheiden zu können, sind schon bestimmte Erfahrungen mit Kleinsäugern notwendig. Allgemein kann gesagt werden, daß die Erdmaus etwas dunkler ist. Das Fell ist dunkelbraun, und die kurzen Ohrmuscheln sind darin fast ganz verborgen. Ein wichtiges Unterscheidungsmerkmal ist auch der Hinterfuß, der 18 bis 19 mm lang ist. Der Hinterfuß der Feldmaus ist kürzer. Die Kopfrumpflänge der Erdmaus beträgt 95 bis 120 mm, der Schwanz mißt 30 bis 47 mm, die Condylobasallänge bewegt sich zwischen 23 und 29 mm. Das verläßlichste Unterscheidungsmerkmal ist der zweite obere Backenzahn, der auf der Kaufläche eine Schmelzschlinge mehr besitzt.

Die Erdmaus ist ebenso wie andere Wühlmäuse bei Tag und Nacht rege. Ruhe- und Aktivzeiten wechseln in Zeitabständen von 2 bis 4 Stunden. Die Erdmaus baut verhältnismäßig große Nester, entweder dicht unter der Erdoberfläche oder oberirdisch zwischen Binsen und Gräsern. Das Weibchen wirft 4 bis 7 Junge, mitunter sogar viermal im Jahr. Was die Vermehrungsfähigkeit anbelangt, steht die Erdmaus kaum hinter der Feldmaus zurück. Ebenso wie bei dieser kommt es mitunter örtlich zu Massenvermehrungen.

Das Verbreitungsgebiet der Erdmaus ist größer als das der Feldmaus, denn sie kommt auch weiter im Norden vor. Ihre Heimat sind die gemäßigten und kalten Gebiete Europas und Asiens bis zur Mongolei. In Mitteleuropa lebt sie im Flach- und Hügelland, im Gebirge ist sie überall häufig. In England ersetzt sie die Feldmaus, die dort überhaupt nicht vorkommt.

Obere (links) und untere (rechts)
Backenzahnreihe

Schneemaus

Wühler

Microtus nivalis   *Cricetidae*

Ebenso wie Murmeltier und Gemse ist die Schneemaus ein typisches Hochgebirgstier. Ihre Heimat sind die Steingerölle auf den Hängen der Hochgebirgsriesen, Gletschermoränen, Bergalmen mit mächtigen Felsblöcken oberhalb der Knieholzgrenze bis an die Vegetationsgrenze.

Die Schneemaus hat eine charakteristische silbergraue oder graubraune Färbung, die Unterseite ist grauweiß. Die Kopfrumpflänge beträgt 114 bis 143 mm, die Hinterfüße haben 19 bis 21 mm, der Schädel erreicht 27,8 bis 30,9 mm und der gewöhnlich einfarbige Schwanz etwa 45 % der Körperlänge. Das dichte Fell verrät den Bewohner unwirtlicher Berggegenden. Die langen Tastschnurren an der Schnauze lassen darauf schließen, daß ihr Träger fast das ganze Leben in Felsspalten und dunklen Höhlen zubringt.

Die Schneemaus lebt in den Pyrenäen, in der Sierra de Gredos, dem Hauptzug des Kastilischen Scheidegebirges, in den Alpen, Karpaten, am Balkan, in Kleinasien, im Libanon und weiter im Osten im Kaukasus und Kopet-Dag. Sie haust in der Regel oberhalb der Waldgrenze, in den Alpen bis zu 4000 m. In den Seealpen kommt die Schneemaus sogar in Gesteinsfeldern nur wenige hundert Meter über dem Meeresspiegel vor. Die Nahrung schleppt die Schneemaus häufig unter Gesteinsblöcke und in die unterhalb derselben mündenden Gänge.

Die Tragzeit dauert 21 Tage, und in einem Wurf sind 2 bis 5 Junge, die am dreizehnten Tag sehend werden und 3 Wochen gesäugt werden. Während des kurzen Bergsommers wirft die Schneemaus gewöhnlich nur einmal, höchstens zweimal Junge. Eigene Baue gräbt sie nur selten, denn das Steingeröll bietet genügend Verstecke und Niststellen. Die Schneemaus überlebt in der Regel nur einen Winter.

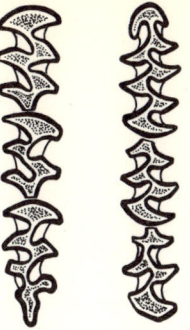

Obere (links) und untere (rechts)
Backenzahnreihe

Nordische Wühlmaus

Microtus oeconomus

Die Nordische Wühlmaus ähnelt der Erdmaus. Die Oberseite ist dunkelbraun, und über den Rücken zieht sich ein dunkler, mitunter kaum wahrnehmbarer Längsstreifen. Die Unterseite ist grauweiß, in manchen Fällen mit einem leichten gelblichen Anflug. Die Nordische Wühlmaus mißt 105 bis 142 mm, der Schwanz hat 48 bis 63 mm, der Fuß 18,5 bis 22,6 mm, und die Condylobasallänge des Schädels beträgt 26,3 bis 30,5 mm. Ein verläßliches Unterscheidungsmerkmal ist der erste Backenzahn des Oberkiefers mit einer charakteristischen Schlingenform.

Die Nordische Wühlmaus ist in Nordeuropa und Nordasien stark verbreitet, vor allem in der Tundra und Taiga, wo sie vornehmlich an feuchten Stellen in Wäldern, Mooren und an Flußufern lebt. Südlich des zusammenhängenden nordischen Vorkommensgebietes bestehen einige isolierte Vorkommensinseln. Nicht allzu kopfreiche Populationen leben in den Niederlanden, am Neusiedler See und in Mitteleuropa am Plattensee sowie im Donaubecken. Es wird angenommen, daß die Nordische Wühlmaus in der Eiszeit von vorrückenden Gletschern in diese Gegenden verdrängt wurde.

Die Nordische Wühlmaus gräbt verhältnismäßig wenig. Das Nest baut sie an erhöhten, überschwemmungssicheren Stellen, z. B. an Seggenbülten. In Erddämmen und Uferböschungen gräbt sie einfache Gänge und nistet unterirdisch. Sie nährt sich von Teilen der Wasserpflanzen, besonders von jungen, aus dem Schlamm hervorbrechenden Schilfsprößlingen.

Sie schwimmt recht gut und kann sogar tauchen. Im Jahre erfolgen bis zu 4 Würfe mit je 2 bis 9 Jungen. Weibchen sind schon nach 6 Wochen selbst vermehrungsfähig.

Obere (links) und untere (rechts)
Backenzahnreihe

Europäische Kleinwühlmaus

Pitymys subterraneus   *Cricetidae*

Die Kleinwühlmaus erinnert äußerlich an eine kleine Feldmaus. Die Kleinwühlmaus hat jedoch auffallend kleine Augen und kurze, völlig im Pelz versteckte Ohren. Das Fell ist braungrau, mitunter fast grauschwarz, jedoch feiner und dichter als bei der Feldmaus. Auf den Hinterfußsohlen sind 5 Schwielen, im Unterschied zu den verwandten Arten, die durchweg 6 Fleischhöcker haben. Die Kopfrumpflänge erreicht 80 bis 106 mm, der Schwanz hat 24 bis 32 mm. Auch der kurze Hinterfuß, 14 bis 15,5 mm, ist ein gutes Unterscheidungsmerkmal im Vergleich zu den anderen Wühlmäusen. Der Schädel der Kleinwühlmaus ist stark verflacht und seine Länge beträgt etwa 22 mm.

Die Kleinwühlmaus ist in Europa von Frankreich bis zur Südukraine und weiter in Kleinasien bis zum nordwestlichen Iran zu Hause. Im Tiefland gibt es nur einzelne Vorkommensinseln, in den Bergen hingegen ist sie ein recht häufiges Tier, das überall dort vorkommt, wo es genügend Schatten und eine zum Graben ausreichende Humusschicht vorfindet. Auch im Tiefland lebt die Kleinwühlmaus auf lockeren Böden, im Kompost, in Feldfluren, Wiesen und Gärten. Wo es angeht, zerbohrt sie den Erdboden mit dicht unterhalb der Erdoberfläche gelegenen Gängen, die oft Bodenerhebungen bilden und an verschiedenen Stellen an die Oberfläche münden.

Die Vermehrungsfähigkeit der Kleinwühlmaus verträgt keinen Vergleich mit den übrigen Wühlmäusen, denn die Wurfgröße beträgt 2 bis 3 Junge, und die Weibchen haben deshalb nur 2 Zitzen. Dennoch kommt es in Gebirgslagen in manchen Jahren zu Massenvermehrungen. Die Kleinwühlmaus wird ebenso wie die anderen Wühlmäuse kaum älter als etwa eineinhalb Jahre. Sie ernährt sich ausschließlich von pflanzlicher Nahrung, vor allem von den grünen Teilen der Pflanzen.

Obere (links) und untere (rechts)
Backenzahnreihe

Tatra-Kleinwühlmaus

Pitymys tatricus

Wühler

Cricetidae

Die Tatra-Kleinwühlmaus ist eine nahe Verwandte der Europäischen Kleinwühlmaus. Sie kommt ausschließlich im Gebiet
der Hohen und der Niederen Tatra in Höhenlagen von 1400 bis
2300 m vor. Sie wurde dort erst im Jahre 1952 entdeckt und bislang nirgends anders gefunden. Die Entdeckung dieses interessanten Säugetieres erregte in der zoologischen Welt mit Recht
Aufsehen. Zunächst schien es, als wäre die neuentdeckte Art mit
Unterarten, die im Balkan, in den Alpen und in den Gebirgen
Mittelasiens vorkommen, verwandt. Ein eingehendes Studium
zeigte jedoch, daß es sich um eine völlig eigenständige, isoliert
erscheinende Art handelt. Die Tatra-Kleinwühlmaus ähnelt
äußerlich der Feldmaus, sie ist nämlich größer als die Kleinwühlmaus. Die Färbung ist graubraunocker und gelblich-zimtfarben
mit rosarotem Anflug. Die Unterseite ist grauweiß, und das kleine
Auge verrät die Zugehörigkeit zur Gattung der Kleinwühlmäuse.
Die Kopfrumpflänge der Tatra-Kleinwühlmaus beträgt 90 bis
120 mm, der Schwanz mißt 31 bis 46 mm, der Hinterfuß 16,5 bis
18,5 mm — bei der Europäischen Kleinwühlmaus nur 14 bis
15,5 mm — und der Schädel 22,7 bis 25 mm.

Die Tatra-Kleinwühlmaus lebt an der oberen Waldgrenze in
der Knieholzzone, auf Almen und am oberen Waldrand. Ihre
unterirdischen Gänge münden in der Regel unter Steinen. Das
Weibchen der Tatra-Kleinwühlmaus wirft nur 2 bis 3 Junge, doch
gibt es im Jahr nur 4 Würfe, im Unterschied zu den 5 Würfen der
Europäischen Kleinwühlmaus. Auch sind die Weibchen der
Tatra-Kleinwühlmaus nicht schon im ersten Lebensjahr vermehrungsfähig, wie das bei den Europäischen Kleinwühlmäusen der
Fall ist. Sie bringen erst im nächsten Frühjahr Junge zur Welt,
was offensichtlich eine Anpassung an den rauhen Hochgebirgs-
winter ist.

Nordafrikanisches Stachelschwein

Hystrix cristata

In Europa kommt dieses große Nagetier nur auf Sizilien und in Süditalien vor. Das Hauptverbreitungsgebiet des Stachelschweines ist jedoch Nord- und Nordwestafrika. Da die in Italien lebende isolierte Population keine besondere geographische Unterart darstellt, nehmen einige Zoologen mit Recht an, daß das Stachelschwein im Altertum von den Römern nach Italien gebracht wurde.

Das Nordafrikanische Stachelschwein gehört zu den großen Nagetieren. Es wiegt 10 bis 15 kg und hat eine kurze, abgestumpfte Schnauze. Seine Kopfrumpflänge beträgt 57 bis 70 cm, der Schwanz mißt 5 bis 12 cm. Kopf, Hals, der Vorderteil des Rumpfes und der Bauch sind mit Borsten bedeckt, ansonsten ist der Körper mit schwarzweiß gestreiften hohlen Stacheln versehen, die dem Schwanz zu offene Röhrchen bilden. Die Stacheln werden 30 bis 40 cm lang.

Das Stachelschwein führt ein Einsiedlerleben. Tagsüber hält es sich in natürlichen Höhlen oder im selbstgegrabenen Bau verborgen und verläßt sein Versteck erst in der Dämmerung oder nachts. Das Stachelschwein lebt in trockenen Ebenen oder am Fuße der Berge in zerklüftetem Gelände. Es ernährt sich von Wurzeln, Knollen und verschiedenen Früchten sowie von kleinen Tieren. Wie die meisten Nagetiere hält das Stachelschwein die Nahrung mit den Vorderpfoten fest. Während der Paarungszeit leben die Stachelschweine in Paaren. Nach einer Tragzeit von 8 Wochen wirft das Weibchen im Bau 2 bis 4 Junge, die zunächst nur kurze und weiche Jungstachel haben. Schon bald werden sie von der Mutter ausgeführt. Das Stachelschwein erreicht ein Lebensalter von 15 Jahren.

Bei Gefahr reibt das Stachelschwein die Stacheln aneinander, so daß ein eigentümliches Geräusch entsteht. Gleichzeitig stampft es mit den Hinterfüßen und gibt ein dumpfes Grunzen von sich.

Wildkatze

Felis silvestris

Die Raubkatzen sind in der europäischen Tierwelt durch 2 Arten vertreten. Die größere ist der Luchs, die kleinere die Wildkatze, die weitgehend einer grauen, gestreiften Hauskatze ähnelt. Sie unterscheidet sich von dieser jedoch durch einen mächtigeren Körper, kürzere Läufe, einen breiteren Kopf und eine steile Stirn. Der starke, kurze Schwanz ist buschig, am Ende wie abgehackt und dunkel geringelt. Die Färbung der Wildkatzen ist recht unterschiedlich. Der Grundton ist grau oder gelbgrau, der Leib, besonders am Rücken, und die Beine sind auffällig gestreift. Beträchtlich sind die Längenunterschiede, die zwischen 50 und 80 cm schwanken. Der Schwanz mißt 25 bis 40 cm, der Hinterfuß 12 bis 13 cm und der Schädel 80 bis 103 mm. Im Gebiß mit 30 Zähnen sind die Fangzähne am längsten. Eine erwachsene Wildkatze wird am Widerrist 35 bis 40 cm hoch und wiegt 3 bis 11 kg.

Das Verbreitungsgebiet der Wildkatze umfaßt Europa, Asien und Afrika, es gibt allerdings eine Reihe geographisch bedingter Unterarten. In Europa wurde die Wildkatze vielerorts ausgerottet, so daß ihr Vorkommensgebiet heute nicht mehr geschlossen ist.

Die Nahrung der Wildkatze besteht vorwiegend aus Mäusen und Spitzmäusen, sie fängt aber auch kleinere Vögel und Eidechsen. Wohl nur während der Zeit, in der sie für die Jungen mehr Nahrung braucht, wagt sie sich auch an größere Beutetiere, wie Hasen oder gar Kitzen heran. Im allgemeinen ist die Wildkatze jedoch eher nützlich als schädlich. Die Paarung erfolgt im Februar bis März. Die Tragzeit währt 63 Tage. Im warmen Lager, in hohlen Bäumen, Felsspalten oder verlassenen Fuchs- oder Dachsbauen wirft die Kätzin einmal im Jahr 3 bis 4 Junge, die zunächst noch 9 bis 11 Tage blind sind.

Luchsfährte (links) und Katzenspur (rechts)

Luchs

Lynx lynx   *Felidae*

Während die Wildkatze wie alle Kleinkatzen elliptische Pupillen hat, sind die Pupillen des Luchses rund wie bei anderen Groß-katzen. Der Luchs ist ein mächtiger, stattlicher Raubsäuger mit typischen Ohrenpinseln und großem Backenbart. Der Schwanz ist kurz, stummelförmig, die Pranken sind stark und hoch. Das Rückenfell ist graugelb oder hellrostbraun.

Die Kopfrumpflänge beträgt 70 bis 140 cm, der Schwanz mißt 15 bis 31 cm, der Hinterfuß 19 bis 22 cm. Die Condylobasallänge erreicht 12 bis 15 cm. Am Widerrist wird der Luchs 60 bis 75 cm hoch und wiegt bis zu 40 kg.

Die Heimat des Luchses ist Europa, Asien und Amerika. In Westeuropa wurde er schon längst ausgerottet. Er lebt in dichten, felsreichen Wäldern, und sein Revier umfaßt durchschnittlich einige Quadratkilometer. Er markiert es mit Harn und Losung, die er nicht verscharrt sowie durch Baumrindenkratzer.

Beim Jagen nutzt der Luchs vor allem sein Gehör und sein scharfes Gesicht. Auf seine Beute lauert er meist im Hinterhalt irgendwo an erhöhter Stelle und springt dann mit einem Satz seinem Opfer auf den Rücken oder holt es mit einigen wenigen Sprüngen ein. Vor einem stattlichen Luchs ist selbst ein Rehbock nicht sicher, ebenso wie schwächeres Rotwild. Meistens vertilgt er aber kleine Nagetiere und verschmäht auch Vögel nicht.

Die Paarung erfolgt im Januar und März. Um diese Zeit ertönt das weithörbare Gekreisch der Kuder, die untereinander oft er-bitterte Kämpfe um den Besitz des Weibchens austragen. In ihrem Schlupfwinkel, in Felshöhlen, zwischen Baumwurzeln oder in ver-lassenen Fuchs- und Dachbauen, wirft die Luchskatze nach einer Tragzeit von 9 bis 10 Wochen 2 bis 4 Junge. Volle 5 Monate säugt sie die Luchsin, doch schon nach 40 Tagen können die jun-gen Luchse selbst kleine Beutetiere zur Strecke bringen.

Ginsterkatze

Genetta genetta

Viverridae

Die Ginsterkatzen gehören zu der entwicklungsmäßig alten Familie der Schleichkatzen. Sie haben 40 Zähne. Es sind kleine Tiere, die mit ihren kurzen Beinen und dem langgestreckten Leib eher einem Marder gleichen. Die Ginsterkatze ist auf gelbem Grund schwarz gefleckt, wobei die Flecken in unscharfen Längsstreifen angeordnet sind. Der Schwanz ist an der Wurzel sehr breit und schwarz quergeringelt. Die Körperlänge beträgt 47 bis 58 cm, der Schwanz ist 41 bis 48 lang, der Hinterfuß hat 7,5 bis 8,5 cm. Die Krallen sind teilweise einziehbar.

Die Ginsterkatze lebt versteckt. Sie schlängelt sich dank ihrer Schlankheit durch jeden Spalt und versteht sich ausgezeichnet auf das Klettern. Bei drohender Gefahr weiß sie sich geschickt zu verstecken. In die Enge getrieben, stößt sie gellende Schreie aus, schlägt mit dem Schwanz und scheidet dabei aus einer besonderen Duftdrüse ein übelriechendes Sekret aus. Tagsüber schläft sie meist in ihrem Versteck und begibt sich erst mit anbrechender Dunkelheit auf die Jagd.

Die Ginsterkatzen paaren sich im Februar und März. Im April oder Mai wirft das Weibchen 2 bis 3 Junge in einem kunstlosen Nest zwischen Baumwurzeln, im Gebüsch oder in einer Felsspalte. Einen eigenen Bau gräbt die Ginsterkatze nicht. Ihre Beute sind kleine Nagetiere, Eidechsen und mitunter trinkt sie wohl auch Vogeleier aus. Eine besonders begehrte Beute sind Ratten, die sie bis in die Nähe menschlicher Behausungen verfolgt. Bei dieser Gelegenheit kann es auch vorkommen, daß sie Hühnerställe und Taubenschläge plündert.

Die Ginsterkatze kommt hauptsächlich in Afrika vor, ihr Verbreitungsgebiet reicht jedoch über die Iberische Halbinsel bis nach Frankreich.

Wolf

Canis lupus   *Canidae*

Der Wolf ist ein typischer Vertreter der hundeartigen Raubtiere. Alle Hunde haben viele Zähne, in der Regel 42. Ihre hervorragenden Sinne sind Geruch und Gehör, weniger entwickelt ist der Gesichtssinn.

Das Fell des Wolfes ist graubraun oder graugelb, die Oberseite stets dunkler. Die Körperlänge des Wolfes beträgt 100 bis 130 cm, der Schwanz mißt 30 bis 50 cm, die Hinterfüße erreichen 25 bis 31 cm und der Schädel wird 20,7 bis 26,2 cm lang. Der Wolf bewohnt einen großen Teil Europas, Asiens und Nordamerikas. In Europa wurde er vielerorts ausgerottet, so daß er heute nur noch in Nord- und Osteuropa, Spanien, Italien und auf dem Balkan vorkommt. Die Wölfe sind ungemein vorsichtig, mißtrauisch und scheu.

Fast immer leben sie gesellig, entweder in Familien oder in Rudeln. Auf Raub begeben sie sich erst zur Dämmerung. Die Wölfe sind standorttreu und kennzeichnen ihr Revier durch Beharnen höherer oder auffallender Gegenstände.

Der Wolf ist ein verwegenes Raubtier und ernährt sich von den verschiedensten Tieren, von Mäusen und Spitzmäusen bis zu Elch und Rind. Große Tiere greift er allerdings nur im Rudel an.

Die winterliche Ranzzeit der Wölfe dauert in der Regel etwa 2 Wochen und ist durch stärkere Lautäußerungen, das bekannte Heulen gekennzeichnet. Nach der Paarungszeit bleiben die Partner zusammen und leben einige Zeit abseits des Rudels. Nach einer Tragzeit von 63 bis 65 Tagen wirft die Wölfin in der Sasse oder im Bau 4 bis 6, selten bis 9 blinde Welpen, um die sie zärtlich besorgt ist. Die Atzung schafft der Rüde herbei.

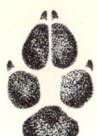  Wolfsfährte (links) und Hundespur (rechts)

Schakal

Canis aureus

Der Schakal ähnelt einem kleinen Wolf, bis auf die mehr rötliche Farbtönung und die kürzeren Ohren. Die Kopfrumpflänge bewegt sich zwischen 80 und 105 cm, der Schwanz ist 20 bis 24 cm lang. Ein erwachsener Schakal erreicht ein Gesamtgewicht von 10 bis 15 kg. Der Schädel des Schakals ist niemals länger als 19 cm.

Der Schakal ist der Wildhund der offenen Steppe, im Gebirge ist er oberhalb Höhen von 1000 m nicht mehr anzutreffen. Auf die Jagd begibt er sich erst zur Dämmerung oder bei Nacht. Tagsüber hält er sich in Dickungen oder im Schilf verborgen, am liebsten irgendwo in der Nähe des Wassers.

Die Nahrung des Schakals ist recht verschiedenartig. Vorwiegend hält er sich an Aas und reißt mitunter auch kleinere Wirbeltiere wie Eidechsen, Nagetiere, Geflügel und andere Kleinsäuger. Gern plündert er Vogelnester und nimmt, wie Mageninhaltsanalysen gezeigt haben, mitunter auch mit pflanzlicher Nahrung vorlieb.

Nach einer Tragzeit von etwa 60 Tagen wirft die Fähe in einem Felsspalt, im Baumgewurzel oder in einem verlassenen Fuchs- oder Dachsbau ihre Welpen. Nur dann, wenn ihr keine andere Möglichkeit übrig bleibt, bequemt sie sich dazu, selbst einen Bau auszuscharren.

Berüchtigt ist das charakteristische Geheul des Schakals. Sein Vorkommensgebiet umfaßt Mittel-, Süd- und Kleinasien. Der europäische Kontinent wird von seinem Verbreitungsgebiet nur im Südosten berührt, bislang lebt der Schakal noch im Balkan, vereinzelt auch in Ungarn.

In Europa sollte der Schakal geschont werden, denn die Bestände dieses Tieres sind in letzter Zeit bedenklich zurückgegangen.

Spuren

Rotfuchs

Vulpes vulpes

Obwohl vom Rotfuchs mehrere Farbtypen vorkommen, haben alle eine schwarze Innenseite der Ohrmuscheln und eine weiße Luntenspitze. Die Kopfrumpflänge eines erwachsenen Fuchses beträgt 70 bis 80 cm, der buschige Schwanz mißt 34 bis 45 cm, der Hinterfuß hat 14 bis 16 cm und der Schädel 12,8 bis 16 cm. Das Gewicht bewegt sich zwischen 4 und 12 kg.

Der Fuchs hat einen ungemein scharfen Geruchssinn, auch Gehör und Gesicht sind ausgezeichnet. Er ist sehr vorsichtig und lebt im Verborgenen. Seine Streifzüge unternimmt er in der Regel erst gegen Abend oder im Morgengrauen. Der Fuchs hält sich vornehmlich in Waldungen mit Felsen und Klüften auf und bevorzugt trockene Stellen. Mitunter wohnt er aber auch im Ried.

Der Fuchs gräbt tiefe Baue, die er jahrelang bewohnt. Er jagt im Umkreis von 6 bis 8 km und markiert sein Revier mit Losung, die noch durch die Ausscheidungen der Duftdrüse gekennzeichnet ist.

Die Ranzzeit der Füchse liegt im Januar und Februar. Die einzelnen Paare bleiben während der Erziehung der Jungfüchse zusammen. Nach der Paarung polstert die Fähe den Schlupfwinkel mit wollweichen Haaren aus, die sie sich aus dem Fell zupft. Nach einer Tragzeit von 52 bis 54 Tagen wirft sie 3 bis 8 blinde Welpen, die nach 14 bis 15 Tagen sehend werden. Sobald die Jungfüchse Fleischnahrung aufnehmen können, tragen die Alten Hasen, Fasanen, Hühner, Enten usw. herbei. Das übrige Jahr hindurch bringt der Fuchs jedoch der Landwirtschaft erheblichen Nutzen durch die Vertilgung kleiner Nagetiere, die seine Hauptnahrung bilden.

Die Heimat des Fuchses ist ganz Europa, Asien, Nordafrika und Nordamerika.

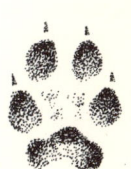

Spuren

Polarfuchs

Alopex lagopus

Hunde

Canidae

Die Polarfüchse leben im Flachland jenseits der Waldgrenze und in den bergigen Tundren des hohen Nordens. In Europa kommen sie auf den Inseln des nördlichen Eismeeres sowie in den Moossteppen Skandinaviens und der Sowjetunion vor.

Der Polarfuchs ist kleiner als der Rotfuchs und hat einen stets einfarbigen Schwanz. Die Ohren sind abgerundet und so kurz, daß sie nur ganz wenig aus dem Fell hervorragen. Die Kopfrumpflänge beträgt 60 bis 70 cm, die Schwanzlänge 28 bis 33 cm. Zur Sommerzeit sind die Polarfüchse braungrau mit grauweißer Unterseite. Nach dem Haarwechsel im Winter ist der Polarfuchs rein weiß. Des Winterfell ist wollig und dicht und darum eine der begehrtesten Rauchwaren. Eine seltene Färbung sind die sogenannten Blaufüchse, die etwa 4 bis 5 % des Gesamtvorkommens ausmachen. Ihr Winterfell ist graublau. Was die Nahrung anbelangt, darf der Polarfuchs im hohen Norden nicht allzu wählerisch sein. Er ernährt sich darum vornehmlich von Nagetieren, und die Vermehrungsintensität der Polarfüchse steht im Zusammenhang mit den ,,Lemmingjahren" der nördlichen Gebiete. Der Polarfuchs jagt auch Vögel und plündert ihre Nester. Sogar mit Aas, das die Wellen an Land schwemmen, nimmt er mitunter vorlieb. Nicht ungern hält er sich auch an die fetthaltige Losung der Eisbären. Überschüssige Nahrung verscharrt er im Schnee. Der Polarfuchs lebt in kleineren Rudeln und ist Tag und Nacht nach Beute unterwegs. Im März und April haben die Polarfüchse Ranzzeit. Dann werden sie sehr lautfreudig, und ihr Heulen und Bellen klingt weithin über die Tundra. Mitunter kommt es dann auch zwischen den Rüden zu Kämpfen um den Besitz der Fähe. Die Nachkommenschaft, 10 bis 15 Welpen, zieht die Fähe im Bau auf, den sie an geeigneter Stelle selbst gegraben hat.

Edelmarder,
Baummarder

Martes martes

Mit dem Edelmarder beginnen wir die Beschreibung der Raubsäuger aus der Familie der Marder. Ihr Gebiß besteht aus 32 bis
38 Zähnen.

Der Edelmarder unterscheidet sich vom Steinmarder durch den
honigfarbenen, unten nicht gegabelten Kehlfleck. Die Unterwolle des Felles ist gelblich, die aufrecht stehenden Ohren sind
hell verbrämt, die Nase ist schwarz. Die Kopfrumpflänge des
Edelmarders beträgt 38 bis 58 cm, der Schwanz mißt 22 bis 28 cm,
der Hinterfuß 8 bis 11 cm, der Schädel 8 bis 8,8 cm.

Der Edelmarder wohnt in Waldgegenden in ganz Europa und
in weiten Teilen Asiens. Er führt ein ungeselliges Leben und hält
sich tagsüber in hohlen Bäumen, alten Eichhornkobeln oder
Greifvogelhorsten versteckt. Auf seine Beutezüge begibt er sich
abends oder vor Tag. Sein Jagdrevier kennzeichnet der Edelmarder mit dem Sekret seiner Drüse. In den Baumkronen versteht
er meisterhaft zu klettern. Der Edelmarder hat ein ungemein
scharfes Gesicht und ein sehr feines Gehör. Der Geruchssinn
hingegen ist nicht so gut entwickelt wie bei den Hunden.

Die Rollzeit der Edelmarder dauert von Ende Juli bis Ende
August.

Die befruchteten Eizellen entwickeln sich im Mutterleib, nach
einer bestimmten Ruhezeit, so daß die 2 bis 4 Jungen erst nach
245 bis 289 Tagen geworfen werden, gewöhnlich im April. Erst
nach 34 bis 38 Tagen öffnen sie die Augen und verlassen das
Nest nach 2 Monaten. Erst nach 2 Jahren sind die Marder geschlechtsreif, und ihre Lebensdauer beträgt 8 bis 10 Jahre.

Der Edelmarder ernährt sich vornehmlich von verschiedenen
kleinen Wirbeltieren, Mäusen, Spitzmäusen und Vögeln. Die
Hauptnahrung bilden · Eichhörnchen.

Der Edelmarder ist in Europa bis zum Kaukasus zu Hause, in
Westasien bis zu Ob und Irtysch, in Kleinasien und im Iran.

Pfotenbehaarung

Steinmarder

Martes foina

Der Steinmarder war ursprünglich nur ein Felsbewohner. Wohl häufiger treffen wir ihn aber heute in der Nähe menschlicher Siedlungen an, ja sogar in Städten, wo ihm altes Gemäuer die ursprünglichen felsigen Behausungen ersetzt. Seine Schlupfwinkel sind Steinhaufen, altes Mauerwerk, Dachböden und dgl. Er lebt in ganz Europa, nördlich bis an die Ostsee, in Asien reicht sein Verbreitungsgebiet bis nach Nordchina.

Der Steinmarder ähnelt größenmäßig dem Edelmarder, ist jedoch mehr graubraun. Die Unterwolle ist weißlich, die Fußsohlenballen sind unbehaart, der Unterrand des weißen Kehlfleckes ist stets gegabelt und erstreckt sich bis auf die Vorderpranken. Die Nase ist hell, fleischfarben.

Die Fortpflanzung ist ähnlich wie beim Edelmarder, allerdings mit dem Unterschied, daß die Tragzeit etwas kürzer ist, achteinhalb Monate. Die Entwickluug der Eizellen im Mutterleib wird aber ebenso unterbrochen wie beim Edelmarder.

Der Steinmarder bewegt sich zwar in den Bäumen recht geschickt, doch jagt er seine Beute meist zu ebener Erde. Die Hauptnahrung des Steinmarders bilden verschiedene schädliche Kleinsäuger. Mageninhaltsanalysen ergaben, daß in der Nähe menschlicher Siedlungen Ratten bis zu 80 % der Steinmardernahrung ausmachen. Der Steinmarder überfällt jedoch auch Vögel und Geflügel, wodurch er große Schäden anrichtet, besonders wenn er in Hühnerställe mit hohen Tierzahlen eindringt und dann alle Hühner zu Tode beißt. Allerdings saugt er ihnen nicht das Blut aus, wie oft unrichtig behauptet wird. Obst und Eier frißt der Steinmarder ebenso gern wie der Edelmarder.

Recht wenig bekannt sind die Knurr- und Bellaute der Marder, die vornehmlich zur Rollzeit ertönen.

Pfotenbehaarung

Hermelin
Großes Wiesel

Mustela erminea

Im Unterschied zum Mauswiesel, dessen Winterkleid nur selten weiß wird, ist das beim Großen Wiesel stets der Fall. Beim braunen Sommerkleid ist nur die Unterseite weiß; die Schwanzspitze ist ebenso tiefschwarz wie beim schneeweißen Winterkleid.

Die Kopfrumpflänge des Großen Wiesels beträgt 24 bis 29 cm, der Schwanz ist 8 bis 9 cm lang, der Hinterfuß 3,7 bis 4,4 cm, der Schädel 4,1 bis 5,1 cm. Das Weibchen ist immer kleiner als das Männchen.

Das Große Wiesel ist schlank und behend und schlieft auch durch ganz schmale Spalten. Seine Lebensgewohnheiten sind ähnlich wie die des Mauswiesels, allerdings weicht es feuchten Stellen nicht aus. Das Große Wiesel kommt auch hoch im Gebirge vor und schwimmt ausgezeichnet.

Das Große Wiesel ist der größte Feind der schädlichen Nagetiere. Es braucht täglich nur 65 g Nahrung. Dabei beträgt sein Eigengewicht etwa 150 bis 350 g.

Nach der Ranzzeit im Februar und März ist die Wieselfähe 2 Monate trächtig. Nach der Sommerpaarung beträgt die Tragzeit jedoch 5 Monate, so daß die Entwicklung der Eizelle für lange Zeit unterbrochen ist. Die Fähe wirft einmal im Jahr 4 bis 8 blinde Junge. Das Lager legt sie in Felsspalten, zwischen Steinen, in altem Gemäuer oder in Erdlöchern an. Die Jungen werden nach etwa 40 Tagen sehend.

Sein Revier markiert das Große Wiesel mit Losung. Bei drohender Gefahr scheidet es aus einer Afterdrüse ein übelriechendes Sekret aus und verscheucht dadurch den Feind.

Das Große Wiesel lebt in Mittel- und Nordeuropa, in Nord- und Mittelasien bis Japan sowie in Nordamerika.

Mauswiesel

Mustela nivalis

Das Mauswiesel ist ein kleines Raubtier mit schlangenartigem Leib auf kurzen Läufen. Die Oberseite ist braun, die Unterseite weiß. Das Winterkleid ist immer etwas heller, der Schwanz hat dieselbe Farbe wie der Rücken.

Die Größe des Mauswiesels ist unterschiedlich. Besonders markant sind die geschlechtsbedingten Größenunterschiede. Die Kopfrumpflänge des Männchens beträgt 17,3 bis 25,8, die der Weibchen 15,9 bis 19,1 cm. Der Schwanz ist beim Männchen 5 bis 8 cm lang, beim Weibchen nur 4 bis 5,5 cm. Der Hinterfuß erreicht 2,4 bis 3,8 bzw. 2,1 bis 2,6 cm. Ebenso markante geschlechtsbezogene Unterschiede finden wir bei der Schädellänge, Männchen 35 bis 44 cm, Weibchen 30 bis 35 cm.

Das Mauswiesel ist ein Tier der offenen Landschaft. Mit Vorliebe haust es in Stein- oder Schutthaufen, zerstörten Brücken und dgl. Menschlichen Niederlassungen geht es in der Regel aus dem Wege. Im tiefen Wald begegnet man dem Mauswiesel nur ausnahmsweise, ebenso meidet es feuchte Biotope.

In der Biologie dieses Kleinraubtieres gibt es noch zahlreiche Unklarheiten. Es scheint, als hätte das Mauswiesel keine feststehende Rollzeit, denn Junge sind fast das ganze Jahr über anzutreffen. Die Tragzeit dauert etwa 5 Wochen, im Wurf sind 4 bis 7 Junge, nur selten mehr. Diese sind anfänglich blind und öffnen erst nach 25 Tagen die Augen. Es scheint, daß sich am Aufziehen der Nachkommenschaft auch das Männchen beteiligt.

Das Mauswiesel ist ein wahrer Mäuseschreck. Das Verbreitungsgebiet des Mauswiesels ist Europa, Nordafrika und Asien bis Japan. Eine seiner Unterarten lebt in Nordamerika. Im gesamten Verbreitungsgebiet kommt eine auffallend kleine Form vor. Ihre Systematik ist bisher ungeklärt.

Spuren

Iltis

Putorius putorius

Größenmäßig steht der Iltis etwa zwischen Marder und Wiesel. Seine Färbung ist so markant, daß sie eine Verwechslung mit anderen Raubsäugern ausschließt. Der Iltis wiegt etwa 1 kg. Die Kopf-rumpflänge beträgt 33 bis 44 cm, die Schwanzlänge 10 bis 18 cm, der Hinterfuß mißt 61 bis 65 cm und der Schädel 5,5 bis 7,2 cm.

Der Iltis ist kein Waldtier, er lebt vielmehr auf Feldern, im Gestrüpp oder am Waldrand. Gern setzt er sich am Rande menschlicher Siedlungen an, am liebsten jedoch in der Nähe des Wassers, wo er seinen Unterhalt sucht. Dort stellt er mit Erfolg Fröschen und Fischen nach, denn er ist ein ausgezeichneter Schwimmer und versteht sich auch leidlich auf das Tauchen. Er jagt hauptsächlich bei Nacht, und kein kleines Säugetier und kein Vogel sind vor ihm sicher. Er wagt sich auf Kaninchen, Fasane und Geflügel. Als Unterschlupf dienen ihm Stein- und Bracken-haufen, Schuppen und Scheunen, mitunter gräbt er auch einen eigenen Bau.

Im Lager wirft das Weibchen nach einer Tragzeit von 41 bis 42 Tagen, einmal im Jahr 3 bis 7 Junge, die nach 30 bis 36 Tagen se-hend werden, aber bereits vorher selbst fressen können. Nach 5 Monaten sind sie dann schon vollendete Raubtiere.

Der Iltis lebt in Europa und im westlichen Teil Asiens, an eini-gen Orten kommt er auch in Höhenlagen von 2000 m über dem Meeresspiegel vor, z. B. in den Alpen.

Der Iltis ist durch seinen durchdringenden üblen Geruch be-kannt. Alle Marder haben nämlich in der Aftergegend gut ent-wickelte Duftdrüsen. Sie dienen zur Reviermarkierung und auch als Schutzmittel. Bei Gefahr — vielleicht auch aus Schreck — entleert der Iltis stoßartig diese Drüse und verpestet die Umge-bung derartig, daß jedem Feind die Lust zur weiteren Verfolgung vergeht.

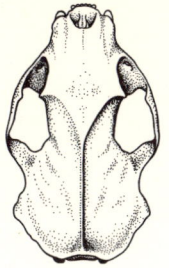

Schädel von oben gesehen

Steppeniltis

Putorius eversmanni

Mustelidae

Im Unterschied zum Iltis ist der Steppeniltis ein Bewohner der offenen, weiten Landschaft, auch der Kultursteppe, also der Felder. Sein Verbreitungsgebiet deckt sich weitgehend mit dem des Ziesels, was an sich schon verrät, daß dieser Nager seine Hauptnahrung darstellt. Er verschmäht selbstverständlich auch andere Säuger, Vögel, Schlangen und Amphibien nicht. Inmitten der Felder gräbt er tiefe Baue. Leicht schlieft er in den Zieselbau ein und bewirkt dort ebenso panischen Schrecken wie das Wiesel unter den Mäusen. Das westlichste Vorkommen in Europa wurde in Westböhmen verzeichnet. Im Osten reicht das Verbreitungsgebiet bis in den Süden Sibiriens, in die Mongolei und nach China.

Der Steppeniltis ist im Vergleich zum Iltis wesentlich heller gefärbt. Die Oberseite ist sandgelb, die Maske um die Augen braun. Die Unterseite einschließlich der Beine ist dunkelbraun. Der Schwanz ist deutlich zweifarbig, an der Wurzel hell-, am Ende dunkelbraun. Die Kopfrumpflänge beträgt 29 bis 52 cm, die Schwanzlänge 7 bis 18 cm und die Condylobasallänge bewegt sich zwischen 5,2 und 7,1 cm. Die Ranzzeit der Steppeniltisse ist März und April. Nach einer Tragzeit von 36 bis 40 Tagen wirft das Weibchen 8 bis 11 Junge.

Die meisten Menschen glauben, daß der Iltis ein Räuber sei, den man auf Schritt und Tritt verfolgen sollte. Schon der gewöhnliche Iltis verdient nicht Acht und Bann, umsoweniger jedoch der Steppeniltis, der im Gegenteil sogar zu den nützlichen Tieren gehört. Trotzdem wird er intensiv gejagt.

Schädel von oben gesehen

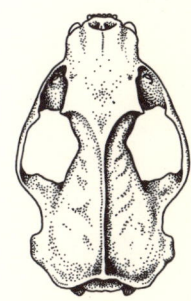

Nerz

Lutreola lutreola

Der Nerz ähnelt im Körperbau dem Iltis. Er ist dunkelbraun und hat an Kinn und Oberlippe einen weißen Fleck. Die Kopfrumpflänge beträgt 30 bis 40 cm, die Schwanzlänge 12 bis 19 cm. Das Fell ist dicht und kurz. Zwischen den Zehen befinden sich Schwimmhäute, die besonders gut an den Hinterfüßen entwickelt sind. Die Condylobasallänge erreicht 5,8 bis 6,4 cm.

Der Nerz lebt an Bächen, Sturzbächen, stehenden Gewässern und Sümpfen. Abgesehen von den Schwimmhäuten ist er für das Leben im Wasser nicht besonders ausgerüstet. Dennoch taucht er recht gut. Im allgemeinen ist er dem Iltis ähnlicher als dem Otter. Zwar ernährt er sich auch von wirbellosen Tieren, aber seine Hauptnahrung scheinen Fische, Frösche und kleine Säugetiere zu sein. Einige seiner Beutetiere jagt er auch unter Wasser. Ebenso wie der Iltis ist der Nerz sehr verwegen und überfällt mitunter auch Hausenten, Hühner und Gänse.

Vor Zeiten lebte der Nerz an geeigneten Stellen in ganz Mittel- und Westeuropa bis Südwestfrankreich. Heute gehört er, wenigstens in Mitteleuropa, nur noch der Vergangenheit an. Schuld am Abnehmen der Nerzbestände haben wahrscheinlich eher die veränderten Lebensbedingungen und die schlechte Anpassungsfähigkeit als der Mensch. In Osteuropa bis jenseits des Ural zum Irtysch ist der Nerz bislang noch keine Seltenheit. In kleinen Zahlen kommt er auch noch in Frankreich vor. Von Zeit zu Zeit tauchen Nachrichten über Nerzvorkommen auf freier Wildbahn auf. Es hat sich aber immer wieder gezeigt, daß es sich in diesen Fällen um den amerikanischen Vetter des Nerz, den Mink, *Lutreola vison*, handelt, der den bewußten weißen Fleck nur auf der Unterlippe hat. Der Mink ist ein kostbares Pelztier und wird darum in Farmen gezüchtet.

Nerzspur (links) und Iltisspur (rechts)

Vielfraß

Gulo gulo

Der Vielfraß ist der größte Vertreter der marderartigen Raubtiere. Einschließlich des Schwanzes erreicht er eine Länge von mehr als einem Meter, wobei 70 bis 82,5 cm auf die Kopfrumpflänge und 12 bis 15 cm auf den Schwanz entfallen. Der Vielfraß hat einen kurzen, dunkelbraunen Pelz mit einem grauweißen Streifen an der Stirn und einer helleren Schabracke zu beiden Seiten des Hinterleibes. Das Körpergewicht schwankt zwischen 11—16 kg, in seltenen Fällen erreicht bis zu 30 kg. Sein Vorkommensgebiet sind die Taiga und die bewaldete Tundren Europas, Asiens und Nordamerikas. In Europa kommt er im äußersten Nordosten und in den nordskandinavischen Gebirgen vor, doch auch hier ist er nicht allzu häufig anzutreffen.

Der Vielfraß führt ein Einsiedlerleben. Auf Jagd begibt er sich sowohl am Tage als auch bei Nacht, zur Sommerzeit führt er jedoch meist ein Nachtleben. Trotz seiner scheinbaren Unbeholfenheit ist er ein flinker und gewandter Jäger. Er läuft schnell, klettert behende und schwimmt sehr gut. Seine Hauptnahrung sind verschiedene Kleinnager des Nordens, vornehmlich Lemminge, außerdem auch Vögel, Fische, Frösche, Aas und verschiedene Früchte. Nicht selten erbeutet er auch Tiere, die größer sind als er selbst, so z. B. Elchkitze und Renkälber. Die Ranzzeit des Vielfraßes liegt im Juli und August. Nach einer Tragzeit von 8 bis 9 Monaten wirft das Weibchen 1 bis 4 Junge, die noch lange blind bleiben und bis zu 9 Wochen gesäugt werden. Das Lager wird zumeist zwischen Gesteinsblöcke oder in Felsspalten angelegt. Wie aus einigen Beobachtungen zu schließen ist, nimmt auch der Rüde Anteil am Aufziehen der Nachkommenschaft. Nachdem sie die Mutter verlassen haben, leben die Jungtiere noch einige Zeit zusammen. Mitunter jagen sie auch gemeinsam. Geschlechtsreif sind sie erst nach 3 Jahren. Der Vielfraß hält keinen Winterschlaf.

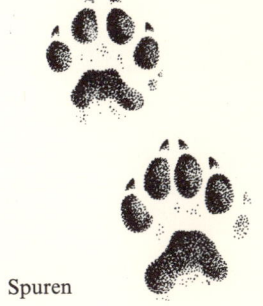

Spuren

Tigeriltis

Marder

Vormela peregusna

Mustelidae

Dieses bunte, schlanke, iltisähnliche Raubtier kommt im Südosten Europas vor. Es lebt in der Ukraine, in Bulgarien, Rumänien und Jugoslawien. Im Osten reicht sein Verbreitungsgebiet
über Klein- und Mittelasien bis in die Mongolei und nach Nordchina. In den Bergen Mittelasiens und Jugolawiens kommt der
Tigeriltis in Höhen bis zu 2000 m vor. Sonst ist er ein typischer
Bewohner von Steppenlandschaften und Halbwüsten und hält
sich mit Vorliebe in Wassernähe auf.

Die Grundfärbung des Tieres ist schwarzbraun, an der Oberseite befindet sich jedoch eine markante gelblich-weiße Zeichnung und ebensolche recht unterschiedlich angeordnete Flecken.
Die Kopfrumpflänge beträgt 31 bis 38 cm, der Schwanz mißt 15
bis 21 cm, der Hinterfuß 3,5 bis 4,5 cm, die Condylobasallänge
52 bis 57 cm.

Der Tigeriltis lebt in selbstgegrabenen Bauen, mitunter auch
in verlassenen Bauen anderer Raubsäuger. Auf Jagd begibt er sich
am liebsten morgens oder abends. Hauptsächlich spürt er kleinen
Nagern nach, jagt aber auch Vögel, Kriechtiere und Amphibien.
Obwohl er leidlich klettert, hält er sich meistens am Boden auf.

Die Biologie dieses Säugers ist bisher wenig bekannt. Nach
sowjetischen Tierforschern erfolgt die Paarung im Herbst, im
August oder September, und nach einer langen, verhaltenen
Tragzeit wirft die Fähe im Bau 4 bis 8 Junge. Bei Gefahr gibt der
Tigeriltis eigenartige winselnde Laute von sich, knirscht mit den
Zähnen, duckt sich schließlich, legt den Schwanz an den Rücken
und scheidet aus der Afterdrüse ein übelriechendes Sekret aus.

In Europa sowie auch im übrigen Verbreitungsgebiet nehmen
die Bestände der Tigeriltisse rapide ab.

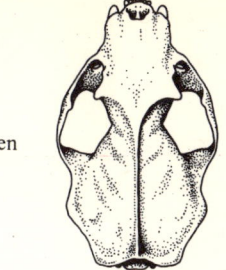

Schädel von oben gesehen

Fischotter

Lutra lutra   *Mustelidae*

Der Fischotter ist ausgezeichnet an das Leben im Wasser angepaßt. Er hat einen länglichen, schlangenartigen Leib, einen oben
abgeplatteten Kopf und kurze, nur wenig aus dem kurzen und
dichten Fell hervorragende Ohrmuscheln. Die starken Läufe
haben 5 durch Schwimmhäute verbundene Zehen.

Der Fischotter hat ein dichtes, braunes Fell, das im Rauchwa-
renhandel sehr gesucht ist. Der Fischotter wird 65 bis 100 cm lang,
selbstverständlich ohne Schwanz, der selbst bis zu 50 cm erreichen
kann. Der Hinterfuß hat 11 bis 13,5 cm, der Schädel 8,5 bis
12,4 cm.

Den größten Teil seines Lebens verbringt der Fischotter am
oder im Wasser. Nur zur Ranzzeit unternimmt er bisweilen auch
sehr lange Landwanderungen. Seinen Bau legt er an steilen Ufern
an, der Eingang befindet sich immer unter Wasser. Danach steigt
der Gang allerdings steil empor, so daß die Wohnhöhle stets über
dem Wasserspiegel liegt. Ein oder zwei Ausstiege führen auch an
die Oberfläche.

Der Otter hat keine feststehende Ranzzeit, und Jungtiere sind
zu jeder Jahreszeit anzutreffen. Am häufigsten begegnen wir
Jungtieren allerdings von April bis Juli. Die Tragzeit währt 61
bis 63 Tage. Die Otterfähe wirft im unterirdischen Bau 2 bis 4
Junge, die nach etwa 30 Tagen sehend werden. Nach 2 Jahren
sind sie erwachsen und gleichen größenmäßig den Eltern.

Seine Hauptnahrung, Fische, jagt der Fischotter unter Wasser,
allerdings frißt er auch Frösche, kleinere Säugetiere und Vögel.

Der Fischotter kommt in Europa, Asien, auf Sumatra, Jawa
und in Nordafrika vor. In Europa sind die Fischotterbestände in
den letzten Jahrzehnten beträchtlich zurückgegangen.

Spuren

Dachs

Meles meles

Der Dachs wiegt 10 bis 20 kg. Die Kopfrumpflänge erreicht 65 bis 85 cm, der verhältnismäßig kurze Schwanz ist 15 bis 19 cm lang, der Hinterfuß 10 bis 11 cm, der Schädel 11,4 bis 13,7 cm. Das Gebiß hat 38 Zähne. Der Dachs tritt mit der ganzen Sohle auf, ist also Sohlengänger im Unterschied zu den Zehengängern, zu denen die Mehrzahl der Raubsäuger gehört. Der weiße Kopf hat zu beiden Seiten breite schwarze Streifen, die sich über die Augen bis hinter die Ohren ziehen. Die Oberseite ist graugelb, die Unterseite schwarz. Die Vorderbeine sind mit langen, starken Krallen bewehrt, die das Scharren erleichtern. Seinen Bau gräbt der Dachs gewöhnlich an erhöhter Stelle. Inmitten des Baues befindet sich der geräumige Wohnkessel, in dem der Dachs tagsüber schläft. Die Wohnhöhle bettet der Dachs warm aus und bereitet sie so für die Winterruhe vor, aus der er allerdings oft erwacht und dann sogar sein Revier duchstreift.

Im Juni und Juli ist die Ranzzeit der Dachse, und während dieser Monate kann man im Wald ihr eigentümliches Gekreisch hören. Die verhaltene Tragzeit dauert 7 bis 8 Monate, so daß die 3 bis 5 Jungen im Februar bis April zur Welt kommen. Sie wachsen sehr langsam, werden nach 28 bis 35 Tagen sehend, nehmen erst in der zehnten Lebenswoche selbständig Nahrung zu sich und werden bis zur sechzehnten Woche gesäugt.

Der Dachs ernährt sich von Insekten, Regenwürmern, Schnecken und kleinen Säugetieren, hauptsächlich Nagetieren, die er aus ihren Röhren hervorscharrt. Er frißt auch Aas, Eier, Früchte, Samen, Wurzeln und Pilze.

Der Dachs lebt in Europa und in den gemäßigten Teilen Asiens bis nach Japan. Mitunter kommt er auch in höheren Gebirgslagen vor.

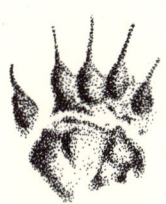

Spuren

Braunbär

Bären

Ursus arctos   *Ursidae*

Abgesehen vom Eisbär, ist der Braunbär das größte europäische Raubtier. Die in Osteuropa lebenden Bären erreichen vor dem Winterschlaf ein Gewicht von 300 kg, vereinzelt auch noch mehr. Die Kopfrumpflänge des Braunbären beträgt 150 bis 250 cm. Die männlichen Bären sind in der Regel größer als die weiblichen Tiere, was auch in der Schädellänge deutlich wird. Der Schädel der männlichen Bären mißt 26,1 bis 41,8 cm, der Schädel der Weibchen nur 25,7 bis 37,3 cm. Der Bär ist Sohlengänger. Die Sohlen sind flach, jede Tatze hat 5 Zehen.

Der Braunbär hält sich in alten Waldungen mit schwer zugänglichen Schluchten und Felsklüften auf. Innerhalb seines Reviers von einigen Quadratkilometern führt er ein Einsiedlerleben. Sein Lager befindet sich unter entwurzelten Bäumen, in Felsspalten oder anderen Hohlräumen. Von hier aus begibt er sich zur Dämmerung auf die Nahrungssuche. Um die Schneeschmelze spürt er im Holze nach Fallwild, im Frühjahr reißt er hie und da Jungtiere und Vögel, doch im Herbst verlegt er sich auf pflanzliche Nahrung und nimmt vorwiegend Früchte zu sich.

Der Winterschlaf des Braunbären wird häufig unterbrochen, und die Körperwärme sinkt kaum unter die Normaltemperatur. Um diese Zeit wirft die Bärin 2, selten bis 5 tollpatschige und blinde Junge. Erst nach 4 Monaten führt sie die Jungen aus. Die Bärzeit verläuft im April und Mai. Die befruchteten Eizellen beginnen sich jedoch erst gegen Ende des Sommers zu entwickeln, so daß die verlängerte Tragzeit 8 bis 9 Monate dauert. Der Braunbär kommt jetzt nur noch im Gebirge — Pyrenäen, Apenninen, Alpen, Karpaten, Balkan — und im Norden vor. In Asien ist er weit verbreitet, hauptsächlich in Gebirgsgegenden Sibiriens, auch in Nordamerika kommt er vor.

Fährten

Eisbär

Thalarctos maritimus *Ursidae*

Den zoologischen Gärten ist es zu danken, daß der Eisbär ein allgemein bekanntes Raubtier ist, obwohl er in der freien Natur nur noch selten vorkommt. Vor Zeiten war er an den Küsten ganz Nordeuropas verbreitet, ebenso in Asien und Amerika im Raum des Nördlichen Eismeeres. Die Bestände wurden jedoch durch unsinnige Verfolgung wesentlich vermindert, und so zeigt sich der Eisbär heute nur noch selten in den nördlichsten Küstengebieten Skandinaviens und Islands, etwas häufiger auf Spitzbergen. Das Fell ist dicht und anliegend. Männliche Tiere sind wesentlich größer als Weibchen. Die Kopfrumpflänge der männlichen Tiere beträgt 200 bis 275 cm, die der weiblichen höchstens 185 cm. Durchschnittlich wiegt der Eisbär 400 kg.

Der Eisbär ist zwar an das Meer gebunden, kann aber nicht als Wassertier bezeichnet werden. Er kommt auf Inseln, Treibeis und im Gebiet des ewigen Eises vor. An Land hält er sich lediglich auf einem schmalen Küstenstreifen auf und geht nur selten 1 bis 2 km tief ins Landinnere. Um so häufiger findet man ihn jedoch auch 20 km weit im Meer. Er ist ein ausdauernder, wenngleich auch nicht allzu gewandter und schneller Schwimmer. Er taucht nicht allzu tief und hält bis etwa 2 Minuten unter Wasser aus. Robben bilden seine Hauptnahrung. Seine häufigsten Opfer sind Jungtiere, die in den ersten Tagen in besonderen Schneehöhlen leben. Aber auch alten Robben lauert der Eisbär auf, meist an ihren Eislöchern. Ansonsten frißt der Eisbär Fische und Meeresvögel, zur Sommerzeit nimmt er als Zukost die verschiedensten Tundrafrüchte auf. Die Bärzeit verläuft von März bis Juni. Nach einer Tragzeit von 7 bis 8 Monaten, also mitten im Winter, wirft die Bärin in einem Schneeloch 1 bis 2 Junge, die anfänglich kaum größer sind als Ratten.

Wildschwein

Sus scrofa

In unserer Natur kommen einige Säugetiere vor, die in die Ordnung der Paarhufer gehören. Davon sind die nichtwiederkäuenden Arten nur durch das Wildschwein vertreten.

Das Wildschwein hat einen untersetzten, mit steifen Borsten bedeckten Leib. Der längliche Kopf läuft in ein mächtiges Gebrech aus. Das Gebiß verrät den Allesfresser. Es besteht aus 44 Zähnen, und die Wurzeln der Eckzähne (Hauer) sind nicht abgeschlossen.

In West- und Südeuropa sind die Wildschweine wesentlich kleiner als in Osteuropa. Das Schwarzwild der Karpaten gehört zu den größten. Erwachsene Wildschwein-Keiler wiegen 150 bis 200 kg, allerdings werden mitunter auch wesentlich schwerere Hauptschweine, mit mehr als 300 kg, angetroffen. Die Kopfrumpflänge erwachsener Wildschweine beträgt 150 bis 185 cm, der Schwanz mißt 17 bis 26 cm, der Hinterfuß etwa 25 cm, die Höhe am Widerrist ist 85 bis 100 cm. Bachen sind meist etwas kleiner als Keiler.

Das Wildschwein ist ein Waldbewohner.

Die Dickung verlassen die Sauen erst um die Dämmerung und begeben sich auf Nahrungssuche. Sie leben in Rotten, nur Hauptschweine sind Einsiedler.

Die Wildschweine suchen nach Eicheln, Bucheckern, Feldfrüchten und zerwühlen den Waldboden, um zu Wurzeln, Insektenlarven und kleinen, in Löchern verborgenen Säugern zu gelangen. Auch mit Aas nehmen sie vorlieb.

Die Rauschzeit der Wildschweine ist hauptsächlich die Zeit von November bis Januar. Nach 16 bis 20 Wochen wirft die Bache 3 bis 12 gestreifte Frischlinge.

Das Wildschwein kommt in einigen geographischen Unterarten in Europa — mit Ausnahme von England — Asien, auf Sumatra und Jawa sowie in Nordafrika vor.

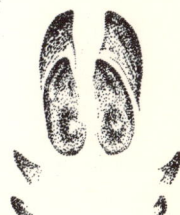

Fährten

Rothirsch

Cervus elaphus

Der Rothirsch gehört zur Ordnung der Paarhufer und zur Familie der Hirsche, die auch als Geweihträger bezeichnet werden. Geweihe kommen, mit Ausnahme des Ren, nur den männlichen Tieren zu, sind jedoch nicht ausdauernd, sondern werden in bestimmten Zeitabständen abgeworfen und erneuert. Der Rothirsch erreicht ein Lebensalter von höchstens 25 Jahren.

Er kommt in einigen Unterarten im nördlichen Afrika, in Europa, Asien und Nordamerika vor. Die westeuropäischen Rothirsche sind kleiner und schwächer, der Gesichtsteil ihres Schädels ist kürzer. Im Osten überwiegt der Karpatentyp mit mächtigerem Körperbau. Ihr Geweih ist mächtiger und entwickelt sich rascher.

Der Rothirsch war ursprünglich ein Waldsteppenbewohner. Als der Mensch die Waldsteppe kultivierte und veränderte, wurde er zum ausschließlichen Waldbewohner. Der Rothirsch ist ein ausgezeichneter Läufer und bewältigt auch hohe Hindernisse. Das Wasser fürchtet der Rothirsch nicht und überschwimmt auch wilde Flüsse.

Der Rothirsch kommt in Rudeln vor, nur alte Hirsche leben einsiedlerisch. Das Rudel führt meist ein älteres, erfahrenes Muttertier. Nur zur Brunftzeit ändert sich diese Lebensweise. Starke Hirsche treten da zum Rudel, geben durch Röhren ihren Standort bekannt und warnen die Beihirsche. Zur Brunftzeit kommt es zwischen den Hirschen zu heftigen Kämpfen. Um diese Zeit kümmert sich der Hirsch kaum um Äsung und sucht durch häufiges Suhlen Kühlung. In Mitteleuropa beginnt die Hirschbrunft Ende September und endet Mitte Oktober.

Das Tier setzt nach einer Tragzeit von 34 Wochen 1 Kalb, selten auch 2 Kälber. Das Hirschkalb wird vom Muttertier ein ganzes Jahr gepflegt und gesäugt.

Fährten

Axishirsch

Axis axis   *Cervidae*

Der Axishirsch hat ebenso wie der Sika- und der Virginiahirsch in Europa kein Heimatrecht. Er stammt aus den parkartigen Wäldern und Dschungeln Indiens und Ceylons. Da er aber zu den schönsten Hirscharten gehört, wird er schon seit der Mitte des 18. Jahrhunderts in einigen europäischen Ländern in Wildgehegen und großen Parkanlagen gezüchtet. Er hat sich in England, Mitteleuropa einschließlich Österreich und der Tschechoslowakei, in Jugoslawien und auch andernorts akklimatisiert. Abgesehen von Europa wurde der Axishirsch auch in Australien, auf Neuseeland, auf Hawaii, in Brasilien und in Argentinien ausgesetzt.

Der Axishirsch ist ein schönes, hell rotbraunes Wild mit unregelmäßigen markanten weißen Flecken. Nur unterhalb der Weichen bilden diese Flecke ein Band. Ein schwarzer Längsstreifen ziert den Rücken; Kopf und Hals sind verhältnismäßig kurz. Das Geweih ist nicht so stark verzweigt wie beim Rothirsch, erwachsene Axishirsche sind nur selten Achtender. Die Kopfrumpflänge beträgt 130 bis 150 cm, der für einen Hirsch verhältnismäßig lange Wedel mißt 20 bis 30 cm. Am Widerrist wird der Axishirsch 85 bis 95 cm hoch und wiegt 75 bis 100 kg. Die Zwischenzehendrüsen sind nur an den Hinterläufen entwickelt. Der Axishirsch erreicht ein Alter von etwa 12 Jahren.

Als Säugetier warmer Gegenden hat der Axishirsch keine regelmäßige Brunftzeit. Das Tier setzt 1 bis 2 Kälber, unter günstigen Zuchtbedingungen schon in Zeitabständen von 6 Monaten. Die Hirsche werfen das Geweih unregelmäßig zu verschiedenen Jahreszeiten ab.

Hirsche legen in der Gefangenschaft ihre Scheu vor dem Menschen ab, sind jedoch namentlich zur Brunftzeit aggressiv und können gefährlich werden.

Damhirsch

Dama dama

Cervidae

Die ursprüngliche Heimat des Damwildes ist das nordöstliche Mittelmeergebiet. Von dort aus wurde es schon im Altertum nach Westeuropa gebracht.

Der Damhirsch ist kleiner als der Rothirsch. Hirsche wiegen 60 bis 100 kg. Kühe 30 bis 60 kg. Die Kopfrumpflänge beträgt 130 bis 150 cm, der Wedel ist 16 bis 19 cm lang. Die Decke des Damwildes ist im Sommer rotbraun mit vielen weißen Flecken, und auf dem Rücken zieht sich ein dunkles Band. Die Winterdecke ist zimtbraun, und die weißen Flecken sind weniger ausgeprägt. Um die Aftergegend befindet sich ein weißes, schwarz gesäumtes Feld. Der Wedel des Damhirsches ist länger als beim Rothirsch und oberseits schwarz. Das Geweih des erwachsenen Damhirsches ist am Ende verflacht und bildet die Schaufel. Der Damhirsch ist ein typischer Bewohner niedrigerer Lagen.

Das Damwild lebt in Rudeln, und es sind eher Tag- als Nacht-tiere. Im Vergleich zum Rothirsch hat der Damhirsch einen ausge-prägteren Gesichtssinn; Geruchssinn und Gehör gleichen dem Rothirsch. Das Geweih, das erst im September gefegt wird, wer-fen die Hirsche im Mai ab. Die Brunftzeit des Damwildes liegt in der Regel erst im November.

Die Tragzeit dauert siebeneinhalb Monate. Das Tier legt 1 Kalb, öfters auch 2 Kälber.

Die Lebensgewohnheiten des Damhirsches gleichen etwa denen des Rotwildes. Im Winter, wenn die Äsung vom Schnee bedeckt ist, pflücken sie Strauchsprossen und nagen Baumrinden.

In seiner ursprünglichen Heimat lebt der Damhirsch heute nicht mehr. Er wird jedoch viel in Mittel- und Südeuropa sowie in den westlichen Gebieten der UdSSR gezüchtet.

Fährten

Reh

Capreolus capreolus *Cervidae*

Das Reh lebt vornehmlich im Wald, wird aber immer mehr zum Feldwild. Rehe aus West- und Mitteleuropa wiegen 15 bis 20 kg, während sie in Osteuropa ein Körpergewicht bis zu 50 kg erreichen. Die Böcke sind immer stärker als die Ricken. Die Kopf-rumpflänge beträgt 95 bis 135 cm, die Körperhöhe am Widerrist 65 bis 75 cm. Die Decke ist im Sommer rostrot, im Winter braun-grau.

Das Gehörn der Böcke ist nicht so stark verzweigt wie das Geweih des Hirsches. Achter sind selten, Zehnender nur Ausnahmefälle. Das Gehörn werfen die Böcke im Oktober oder November ab. Das neue wird im Januar oder Februar angesetzt.

Das Reh ist Standwild und bleibt seinem Gebiet treu. Wie bei allen Hirschen haben auch in der Biologie des Rehwildes die Duft-drüsen eine große Bedeutung. Die Brunft dauert von Ende Juli bis Mitte August. Der Bock gesellt sich einer Ricke zu, wechselt diese während der Brunftzeit aber auch einige Male.

Die Tragzeit der Ricken ist lang, volle 40 Wochen. Die befruchtete Eizelle bleibt nämlich im Mutterleib in Ruhe und beginnt sich erst im vierten Monat nach den Befruchtung zu entwickeln. Im Mai oder Juni setzt die Ricke gewöhnlich 2 schön gefleckte Kitze. Sie werden bis zum Winter gesäugt, obwohl sie schon im zweiten Monat selbst äsen können. Das Rehwild ernährt sich hauptsäch-lich von Kräutern und jungen Sprossen.

Das Verbreitungsgebiet des Rehwildes ist unzusammenhän-gend. Es lebt in Europa, im Süden bis Sizilien. Vom Südosten Europas reicht das Verbreitungsgebiet des Rehwildes nach Kleinasien, Mesopotamien, den nördlichen Irak sowie bis zu den mittelasiatischen Gebirgskämmen und dem Fernen Osten. Reh-wild lebt auch in den europäischen Teilen der Sowjetunion und im südlichen Uralgebiet.

Fährten auf hartem und weichem Boden

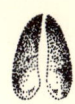

Europäischer Elch

Alces alces

Dieser größte Vertreter der Hirsche erreicht ein Gewicht von 560 kg und eine Höhe von 235 cm am Widerrist. Die Schnauze ist groß, langgezogen und vorn wie abgehackt mit überhängender Oberlippe. Die Nüstern sind weit, der mähnenverzierte Hals ist kurz und trägt ein verlängertes Hautgebilde. Das Geweih der Hirsche ist mächtig und kann bis zu 30 Enden haben. Der Europäische Elch hat oft nur ein Stangengeweih. Das Elchtier ist kleiner als der Elchhirsch, es wiegt etwa 270 bis 380 kg und hat kein Geweih. Die Rückenlinie fällt nach hinten stark ab und verleiht dem Elch die typische, vorn überbaute Gestalt. Die Decke ist graubraun bis braunschwarz, die Läufe sind hell. Der Elch ist ein Waldtier. Abgesehen von Europa, Norwegen, Schweden, Finnland, den europäischen Teilen der UdSSR und Sibirien kommt er auch in Nordamerika vor.

In den letzten Jahrzehnten hat sich der Elch in seinen Verbreitungsgebieten ungewöhnlich stark vermehrt und rückt aus den nördlichen Teilen Osteuropas weit nach dem Süden.

Das Biotop des Elches sind tiefe, mit Torfmooren durchsetzte Wälder. Am häufigsten ist er gegen Abend und frühmorgens anzutreffen, wenn er zur Äsung zieht. Er ernährt sich mit Vorliebe von verschiedenen Wasserpflanzen und jungen Sprossen von Sträuchern und Bäumen. Die Brunft beginnt Ende August, geographisch und wettermäßig bedingt auch später. Um diese Zeit verbreiten die Hirsche einen unangenehmen Geruch, geben jedoch keine auffallenden Laute von sich und beherrschen auch nicht ein Rudel wie die Rothirsche. Die Tragzeit währt 240 bis 250 Tage. Im Mai oder Juni setzt das Tier 1 bis 2 Elchkälber. Der Elch wird erst im dritten Lebensjahr geschlechtsreif und erreicht ein Alter von 30 Jahren.

Fährten

Europäisches Ren

Rangifer tarandus   *Cervidae*

Das Europäische Ren unterscheidet sich von den übrigen Hirschen hauptsächlich dadurch, daß auch die weiblichen Tiere Geweihe tragen. Das Geweih ist recht sonderbar, die Stangen drehen sich an der Stirn nach hinten und dann im Bogen wieder nach vorn. Der Augsproß endet in der Regel schaufelartig. Das Geweih der weiblichen Tiere ist schwächer und weniger verzweigt. Im allgemeinen sind Rene schwächer als Rotwild. Hirsche wiegen 120 bis 150 kg, weibliche Tiere 105 bis 120 kg. Am Widerrist erreichen sie eine Körperhöhe von 100 cm. Im Unterschied zu anderen Hirschen haben die Rene auffallend breite Hufe, was das Einbrechen im Schnee verhindert. Die Sommerdecke ist dunkelbraungrau, das Winterkleid weißgrau. Die eigentliche Heimat des Rens sind die zirkumpolaren Gebiete Eurasiens und Amerikas. Die Südgrenze ihres Verbreitungsgebietes wird schon mehr als hundert Jahre vom Menschen beeinflußt, sie werden immer weiter nach Norden gedrängt. Die ursprünglichen wilden Rene wurden von den domestizierten, vom Menschen gezüchteten Rentieren verdrängt. Auf dem europäischen Festland blieben Rene nur in beschränkter Zahl erhalten, in Norwegen, in Dovre-Rondane und in der Hochtundra Hardanger Vidda. Wilde Rene leben auch im europäischen Teil der UdSSR und in Finnland.

Rene sind gesellige Tiere. Sie leben in Rudeln oder Herden. Die Brunftzeit beginnt in den Herbstmonaten. Die Hirsche sind zu dieser Zeit sehr unruhig, kämpfen miteinander, scharen um sich Rudel bis zu 20 Tieren und vertreiben ihre Nebenbuhler. Im Mai oder Juni setzt das Tier 1 bis 3 Kälber. Die Rene, die in den weiten Tundren des Nordens leben, begeben sich zweimal jährlich auf weite Wanderungen. In Europa, wo sie auf kleinere Räume beschränkt sind, wandern sie nicht so weit wie in Sibirien oder in Nordamerika.

Fährten

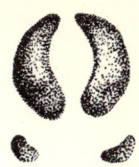

Wisent

Bison bonasus   *Bovidae*

Der Wisent ist das größte europäische Säugetier der Vergangenheit. Es hat eine Kopfrumpflänge von 260 bis 350 cm und im Widerrist eine Höhe von 185 bis 200 cm. Der Schwanz ist 60 bis 80 cm lang, das Gesamtgewicht beträgt 800 bis 1000 kg.

Das Jagen des Wisents war im Mittelalter nur den herrschenden Schichten vorbehalten. Die Wälder Mittel- und Nordeuropas haben jedoch diesen Riesenbewohner endgültig verloren. Am längsten hielt sich der Wisent im Urwald von Białowieża in Polen, wo noch 1857 ein Bestand von 1898 Stück lebte. Während des ersten Weltkrieges wurde er jedoch stark vermindert, so daß nur 68 Stück übrig blieben. Davon wurde der Großteil in verschiedene Tiergärten und Zoos verkauft, der Rest verfolgt und die letzte Kuh im Jahre 1921 abgeschossen. Erst dann wurde eine internationale Gesellschaft zur Rettung der Wisente gegründet, die in Gefangenschaft lebenden Tiere wurden erfaßt, und durch geeignete Zuchtmaßnahmen wurde der Bestand langsam erhöht. Obwohl zur Gründungszeit der Gesellschaft auf der ganzen Welt nur noch 56 Wisente lebten, gab es 1956, nur in Polen, schon wieder 135 Stück. Dort wurden 1961 auch 44 Stück versuchsweise wieder in freier Wildbahn ausgesetzt.

In freier Wildbahn leben die Wisente in Rudeln unter Führung eines alten Bullen. Alte Stiere sind Einsiedler. Zur Äsung ziehen die Wisente vornehmlich am Abend oder frühmorgens. Während der Brunftzeit von August bis September tragen die Bullen untereinander Kämpfe aus. Nach einer Tragzeit von 9 Monaten setzt die Wisentkuh ein einziges Kalb. Erst im sechsten bis siebenten Lebensjahr ist das Jungtier voll entwickelt. Die Lebensdauer der Wisente beträgt höchstens 30 Jahre.

Gemse

Rupicapra rupicapra   *Bovidae*

Die Gemse ist ein typischer Hochgebirgssäuger der Berge Europas und Kleinasiens. Sie lebt im Kantabrischen Gebirge, in den Pyrenäen, Alpen, Abruzzen, Karpaten, in einigen Gebirgszügen des Balkan, im Kaukasus, Pontus, Taurus und Antitaurus.

Zur Sommerzeit sind die Gemsen rötlich braun mit einem dunklen Aalstrich auf dem Rücken. Auf der Schnauze befinden sich weißlich-gelbe Streifen. Die Grannen des Sommerfelles sind kurz, etwa 3 cm. Das Winterkleid der Gemse ist fast schwarz, am Bauch weiß. Die Läufe sind gelbbraun wie der Kopf. An der Stelle des dunklen Rückenstriches im Sommerfell wächst im Winter ein Streifen bis zu 20 cm langer Grannen. Ein erwachsener Gemsbock wiegt 35 bis 50 kg, eine Geiß 30 bis 40 kg. Beide Geschlechter haben Krickeln. Bei den Böcken ist der Winkel dieser Haken schärfer. Die Krickeln wachsen den Jungtieren bereits im ersten Lebensjahr, erreichen allerdings nur eine Länge von 4 bis 5 cm. Im zweiten Jahr wachsen etwa 9 cm zu, im dritten 5 cm und in jedem weiteren Jahr ist der Zuwachs dann geringer. Die jährlichen Ringe gestatten es, das Alter der Gemse abzuzählen. Danach kann die Gemse bis 25 Jahre alt werden.

Die Gemsen halten sich im Sommer vornehmlich an der Waldgrenze auf den Almwiesen auf. Nur während der allerschlimmsten Kälte steigen sie tiefer hinab. Sie klettern ausgezeichnet auf Berghängen und Felsen. Die Gemsen leben stets in Rudeln, mitunter treten sie auch zu größeren Herden zusammen. Alte Böcke sind jedoch Einsiedler. Zur Brunftzeit im November und Dezember sind die alten Böcke sehr gereizt. Die Geiß setzt nach einer Tragzeit von 24 bis 26 Wochen gewöhnlich nur ein einziges Kitz.

Die Hauptnahrung der Gemsen sind Gebirgspflanzen. Im Winter äsen sie auch Baumblätter und zur Not Latschennadeln.

Fährten

Mufflon

Ovis musimon

Bovidae

Der Mufflon ist der einzige Vertreter der Gattung der Schafe in der europäischen Tierwelt. Ursprünglich war er auf Sardinien und Korsika zu Hause, von wo aus er nach Mittel- und Westeuropa gebracht wurde. Er hat sich den neuen Lebensbedingungen angepaßt. Muffel werden mit Erfolg in Wildgehegen sowie in freier Wildbahn gezüchtet.

Die Kopfrumpflänge des Mufflons beträgt 100 bis 125 cm, am Widerrist mißt er 60 bis 75 cm. Der Schwanz ist 10 cm lang. Alte Widder wiegen bis zu 50 kg, das Gewicht der Schafe ist etwa um 6 kg geringer. Die Widder haben querrunzelige, schneckenförmig nach unten gedrehte Hörner mit annähernd dreieckigem Querschnitt. Die Hörner setzen die Jungwidder schon im vierten Lebensmonat an. Die Schnecke erwachsener Widder wird 70 bis 80 cm lang. Das Sommerkleid der Widder ist rostigbraun mit dunkelbrauner Oberseite. Wollhaar, Schnauze und Spiegel sind weiß. Die Winterdecke ist dunkler. Hals und Brust tragen lange Mähnen, an den Weichen sind 2 etwa viereckige helle Flecken.

In ihrer ursprünglichen Heimat bewohnten die Muffel hohe Berge, Felsen und Steilhänge. Auf ihren jetzigen Standplätzen leben sie in Wäldern sowohl im niedrigeren Gebirge als auch im Flachland. Die Mufflons gesellen sich in Rudel zusammen, die stets von einem alten Muttertier geführt werden. Alte Widder führen ein Einsiedlerleben, schließen sich aber im Winter den Rudeln an. Im September treten die Widder zu den Wildschafen. Die Brunft dauert von Oktober bis Mitte Dezember. Die Muffellämmer werden nach einer fünfmonatigen Tragzeit geboren. Wildschafe werden im sechsten bis neunten Lebensmonat erwachsen, Widder erst nach eineinhalb Jahren.

Die Muffel äsen Kräuter und Gras, Zweige, Heidekraut, Heidelbeersträucher und dgl. Im Herbst suchen sie Eicheln, Baum- und Strauchfrüchte. Zur Not genügen auch Flechten und Moose.

Fährten

Alpensteinbock

Capra ibex

Der Alpensteinbock ähnelt auffallend der Bezoarziege. Die Hörner dieser haben jedoch vorn eine scharfe Kante, während die Hörner des Alpensteinbockes vorn flach, dafür aber ausdrucksvoller gerillt sind. Diese Kennzeichen tragen allerdings nur einige Unterarten des Alpensteinbockes. Es gibt eine ganze Reihe geographischer Unterarten, die früher als eigenständige Arten aufgefaßt wurden. In Europa lebt der Alpensteinbock nur in den Alpen und auf der iberischen Halbinsel. Weiter im Osten kommt er in mehreren Rassen im Kaukasus, den Gebirgen Mittelasiens, in Mittelsibirien, Kaschmir, Afghanistan, Syrien, Palästina und im Sudan vor.

Der Alpensteinbock ist ein stattliches Tier, Böcke sind wesentlich größer als Geißen. Erwachsene Exemplare haben eine Kopfrumpflänge von 130 bis 160 cm, eine Höhe von 80 bis 100 cm am Widerrist und das Körpergewicht beträgt bis zu 110 kg. Die Hörner der Böcke erreichen eine Länge von 1 m und haben charakteristische Querauswüchse. Die Geißen haben höchstens 30 cm lange Hörner. Die Färbung der Alpensteinböcke ist im Sommer dunkler, braungrau bis rotbraun, im Winter heller.

Der Alpensteinbock lebt an der Waldgrenze bis hinauf zur Schneegrenze. Die Brunftzeit liegt im Dezember und Januar. Sie ist durch heftige Zweikämpfe der Böcke gekennzeichnet. 22 Wochen nach dem Beschlag, gewöhnlich im Juni, wirft die Geiß in Latschendickungen oder in einem anderen Versteck ein einziges Kitz.

Ursprünglich bewohnte der Alpensteinbock fast das ganze Alpengebiet. Er wurde jedoch so stark verfolgt, daß gegen Ende des vorigen Jahrhunderts nurmehr ein kleiner Rest der ursprünglichen Bestände am Gran Paradiso in den Grajinischen Alpen in Italien verblieb. Dieser kleine Rest wurde jedoch so sorgsam gezüchtet, daß sich die Alpensteinböcke wiederum vermehrten.

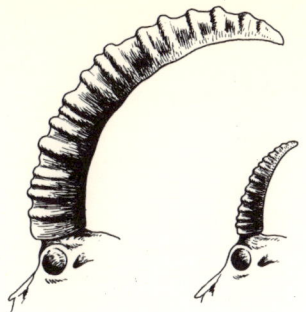

Hörner des männlichen
und des weiblichen Tieres
des Bocks und der Geiß
des Widders und des Wildschafes

Bezoarziege

Capra aegagrus

Die Hörner der Bezoarziege sind beiderseits zusammengedrückt, vorn scharfkantig und bilden einen regelmäßigen, nach hinten gedrehten Bogen. Sie sind bei dem Bock bis 110 cm lang und haben 10 bis 12 Ringe. Ein erwachsener Bock mißt etwa 150 cm und erreicht am Widerrist eine Höhe von 95 cm. Die Bezoarziege ist rotgrau, an den Seiten sandgelb und hat auf dem Rücken einen scharf begrenzten, sich gegen hinten zu verjüngenden schwarzen Streifen. Den Hals teilt vom übrigen Leib ein breites, dunkles Band. Die Hörner der Geißen sind wesentlich schwächer und kürzer als die der Böcke.

Die Bezoarziege bewohnt einige Inseln des östlichen Mittelmeeres, weiter Kleinasien, den Iran, Transkaukasien und Afghanistan. Sie steigt nicht so hoch in die Berge wie der Alpensteinbock und hält sich eher in mittleren Gebirgslagen. Sie kommt in kleinen Herden und Rudeln vor, nur die alten Böcke leben mit Ausnahme der Brunstzeit einsiedlerisch. Im Winter schließen sich die Bezoarziegen zu kopfreichen Rudeln zusammen. Sie äsen verschiedene Kräuter und Blätter sowie junge Triebe von Sträuchern und Bäumen. In dieser Hinsicht ähneln sie der Hausziege, als deren Urahnen sie angesehen werden können. Die Brunstzeit fällt in den November und Dezember, die Jungen kommen nach einer Tragzeit von 21 bis 23 Wochen zur Welt. Die Geiß wirft in der Regel 1 Kitz, höchstens aber 2.

Dank wirkungsvoller Schonungsmaßnahmen ist es gelungen, die Bestände der Bezoarziegen auf den Mittelmeerinseln dermaßen zu erhöhen, daß sie auch auf weiteren Inseln ausgesetzt werden konnten. Die Bezoarziege ist sehr leicht mit der Hausziege zu kreuzen, und da auf den Mittelmeerinseln allerorts Hausziegenherden weiden, ist mitunter schwer festzustellen, ob es sich um autochtone Bezoarziegen oder Nachfahren der Hausziege handelt.

SÄUGETIEREBEOBACHTUNG IN DER NATUR

Säugetiere sind in freier Natur wesentlich schwerer zu beobachten als Vögel. Das liegt daran, daß die meisten Vögel tagsüber aktiv sind, die Mehrzahl der Säugetiere hingegen begibt sich auf Beute- und Nahrungssuche erst abends oder schon frühmorgens. Wer in der Natur recht viel sehen und erleben will, muß noch vor Tagesanbruch aufstehen und im Freien sein, bevor die Sonne aufgeht. Die schönsten und eindrucksvollsten Erlebnisse bescheren uns jedoch mondklare Nächte.

Die Beobachtungsausbeute unserer Streifzüge durch die Natur ist zum großen Teil davon abhängig, wie wir uns zu bewegen wissen. Vor allem dürfen wir so wenig wie möglich Geräusche verursachen. An Tiere, die sich vornehmlich ihres Geruchssinnes bedienen, müssen wir uns „unter Wind" heranpirschen, also im Gegenwind. Das gilt besonders, wenn wir z. B. Rotwild beobachten wollen. Sonst wittern uns die Tiere schon auf große Entfernung und werden flüchtig, ehe wir sie überhaupt zu Gesicht bekommen.

Bisher sprachen wir nur von Streifzügen durch die Natur. Die Weidmänner nennen sie Pirsch. Wer in solchem Anschleichen nach Indianerart nicht genügend Erfahrung besitzt, wählt besser die zweite Beobachtungsmethode − den Anstand. Hierbei spielt die Geduld die ausschlaggebende Rolle. Wenn wir ein gutes Versteck mit genügendem Ausblick finden und dort stillsitzen, kommen die Tiere oft ganz nahe an uns heran, und wir können lange Zeit ihr Verhalten beobachten. Der Anstand muß so gewählt sein, daß er möglichst nahe an Wechseln, Äsungsplätzen, Suhlen oder Tränken liegt.

Beide Methoden können wir mit Erfolg kombinieren und Pirschgänge mit längerem Ansitzen verbinden. Am besten geeignet für den Anstand sind Hochsitze in Baumwipfeln, auf Felsen oder in den künstlich errichteten Kanzeln der Jäger. Einen einfachen Ansitz können wir leicht selbst bauen, indem wir an geeigneter Stelle, in einer Astgabel oder auf zwei waagerechten Zweigen ein Brett befestigen oder annageln.

Die Anwesenheit und Aktivität der Säugetiere verraten mittelbar verschiedene Merkmale. Es brauchen durchaus nicht immer Fährten oder Spuren zu sein, die im weichen Boden oder Schnee abgedrückt sind, auch Losung, Freßbänke, Stellen, an denen das Rotwild geplätzt hat und die Sauen gewühlt haben, ja selbst Kratzer an der Baumrinde zeigen uns, wo sich Säugetiere aufhalten und wo sich ihre Baue, Sassen, Löcher und Nester befinden. Baue sind Röhren und Gänge, die im Boden ausgegraben wurden, Sassen oberirdische Erdmulden, Löcher ausgehöhlte Verstecke und Lager ausgepolsterte Sassen. Auf Grund aller festgestellten Merkmale können wir nicht nur auf die Art schließen, sondern auch feststellen, ob das Tier flüchtig oder in Ruhe war, ob es einzeln oder in Gemeinschaft lebt usw.

Ferngläser gehören heutzutage zur notwendigen Ausrüstung des Naturfreundes. Sie ermöglichen Beobachtungen und Bestimmung der Tiere auf größere Entfernungen. Am besten geeignet sind Gläser mit sechs- bis zehnfacher Vergrößerung. Vor allem ist darauf zu achten, daß das Fernglas genügend lichtstark ist und Tierbeobachtungen auch bei schlechter Sicht zuläßt.

Alle angestellten Beobachtungen notieren wir sorgfältig, am besten gleich an Ort und Stelle in der Natur. Die Aufzeichnungen haben Angaben über Ort und Zeit

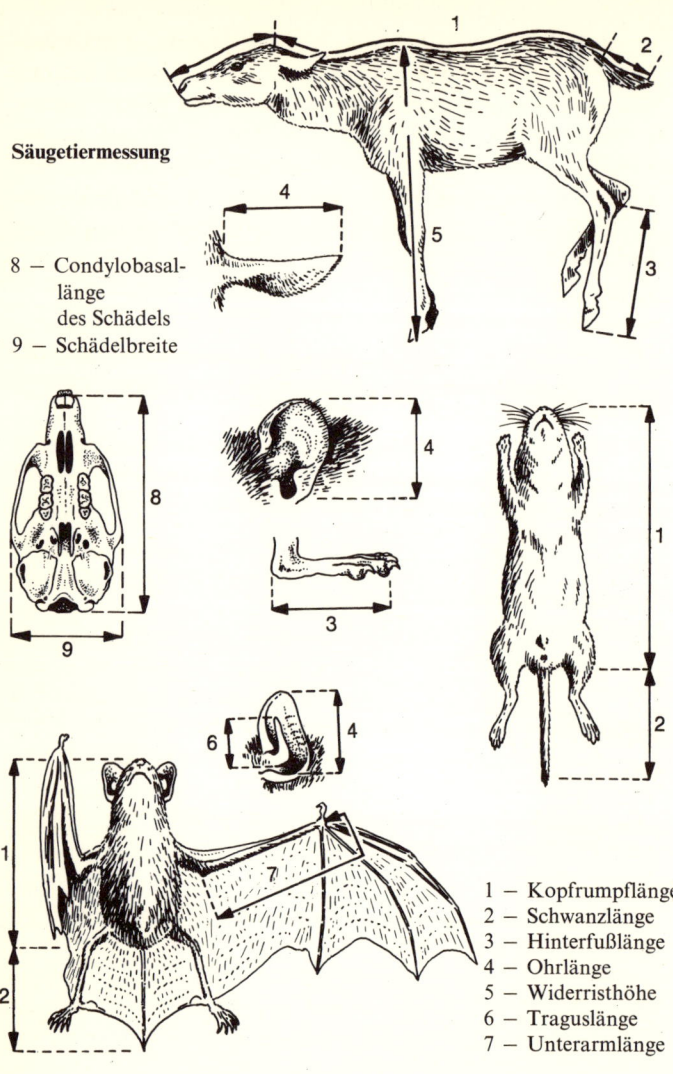

Säugetiermessung

8 — Condylobasal-
    länge
    des Schädels
9 — Schädelbreite

1 — Kopfrumpflänge
2 — Schwanzlänge
3 — Hinterfußlänge
4 — Ohrlänge
5 — Widerristhöhe
6 — Traguslänge
7 — Unterarmlänge

zu enthalten sowie Details über Witterung, Tierverhalten, Fährten oder Spuren und dgl. Grundsätzlich können wir unsere Aufzeichnungen auf zweierlei Weise führen. Entweder wir notieren alles in zeitlicher Reihenfolge, so wie die einzelnen Beobachtungen anfallen, oder wir führen artengesonderte Aufzeichnungen, denen neue einschlägige Beobachtungen laufend beigefügt werden. Dazu benötigen wir allerdings ein alphabetisches Artenverzeichnis.

Die Maße jedes Säugetieres sind für die weitere Bearbeitung und für die wissenschaftliche Auswertung eines Fundes unerläßlich. Bei sämtlichen Säugetieren werden die Maße folgender Strecken angegeben:

1. Kopfrumpflänge: die Strecke von der Schnauzenspitze bis zur Schwanzwurzel.
2. Die Schwanzlänge reicht von der Schwanzwurzel bis zur Schwanzspitze, jedoch ohne Endhaare.
3. Hinterfußlänge. Vom Sprunggelenk bis zur Spitze der längsten Zehe, ohne Kralle.
4. Ohr. Tiefster Punkt der Ohröffnung bis zum entferntesten Punkt des Ohrrandes, jedoch ohne Pinsel.

Bei der Fledermäusen wird zusätzlich auch noch die Länge des Vorderarms angegeben. Unter Condylobasallänge verstehen wir Entfernung vom Vorderrand des Zwischenkiefers bis zum Hinterrand des Hinterhaupthöckers – *condylus occipitalis* – durch den der Schädel auf dem ersten Wirbel aufsitzt. Für die Artbestimmung sind weiter die Zahnformel sowie Zahngröße und Form von Bedeutung.

VERZEICHNIS DER DEUTSCHEN NAMEN

VERZEICHNIS DER WISSENSCHAFTLICHEN NAMEN

215

9